COLEÇÃO LINHA DO TEMPO

ANNEMARIE SCHWARZENBACH
Todos os caminhos estão abertos
Viagem ao Afeganistão 1939-1940

TRADUÇÃO DO ALEMÃO
Giovane Rodrigues

TRADUÇÃO DO INGLÊS
Silvia Naschenveng

SELEÇÃO ORIGINAL DE TEXTOS E POSFÁCIO
Roger Perret

*mundaréu

@Editora Mundaréu, 2023 (esta edição)
@Lenos Verlag, 2000/2021

Título original
Alle Wege sind offen – Die Reise nach Afghanistan 1939/1940

Baseado nas edições de Roger Perret para a Lenos Verlag (Basiléia) de 2000 e 2021.

EDIÇÃO E TEXTOS COMPLEMENTARES
Silvia Naschenveng

CAPA
Estúdio Pavio, a partir das fotos de Annemarie Schwarzenbach, de 1939: minaretes à leste de Gásni, Afeganistão, e o Ford em uma rua de Mexede, Irã.

DIAGRAMAÇÃO
Luís Otávio Ferreira

PREPARAÇÃO
Fábio Fujita

REVISÃO
Editorando Birô e Vinicius Barbosa

Edição conforme o Acordo Ortográfico da Língua Portuguesa (1990).

Dados Internacionais de Catalogação na Publicação (CIP) Angelica Ilacqua CRB-8/7057

> Schwarzenbach, Annemarie, 1908-1942
> Todos os caminhos estão abertos : viagem ao Afeganistão 1939-1940 / Annemarie Schwarzenbach ; tradução do alemão de Giovane Rodrigues ; tradução do inglês de Silvia Naschenveng ; seleção original de textos e posfácio de Roger Perret. — São Paulo : Mundaréu, 2023.
> 232 p. : il. (Coleção Linha do Tempo)
> ISBN 978-65-87955-16-2
> Título original: Alle Wege sind offen: Die Reise nach Afghanistan 1939/1940
> 1. Afeganistão – Descrições e viagens 2. Afeganistão – Usos e costumes I. Título II. Rodrigues, Giovane III. Naschenveng, Silvia IV. Perret, Roger V. Série
> 23-3229   CDD 915.810443

Índices para catálogo sistemático:
1. Afeganistão – Descrições e viagens

2023
Todos os direitos desta edição reservados à
EDITORA MUNDARÉU LTDA.
São Paulo — SP
🌐 editoramundareu.com.br
✉ vendas@editoramundareu.com.br
📷 editoramundareu

Sumário

9   Apresentação

Todos os caminhos estão abertos

O Ararate

25   As fronteiras dos Bálcãs
31   Therapia
37   Trebizonda: adeus ao mar
41   O Ararate

A estepe

47   A estepe
55   Os prisioneiros
61   Terra de ninguém: entre a Pérsia e o Afeganistão

As mulheres de Cabul

69   Herat, 1º de agosto de 1939
75   A face do grande Buda
81   Três vezes no Indocuche
93   No jardim das belas moças de Qaysar
101 As mulheres de Cabul

A margem do Oxus

111 O vilarejo vizinho
119 A margem do Oxus
127 Os oleiros de Istalif
133 A viagem a Gásni

Duas mulheres sozinhas no Afeganistão

141   Duas mulheres sozinhas no Afeganistão

153   Cihil Sutun

Após Pexauar...

161   Após Pexauar...

169   Áden, uma visão na manhã

175   A viagem através do canal de Suez

Após o Afeganistão – despachos

185   Neutralidade afegã?

191   Dilema e delícia turca

Posfácio

201   "Minha existência desterrada na distância e na aventura" / Roger Perret

223   Glossário

*Annemarie Schwarzenbach com sua câmera
Rolleiflex, Suíça, 1938 (Anita Forrer).*

Apresentação

> *"À mesa, Annemarie Schwarzenbach, anjo arrasado. Curioso, fosse ela um garoto, seria de uma beleza excepcional."*
>
> (Thomas Mann, entrada em seu diário de 9 de setembro de 1938, quando conheceu a amiga de seus filhos Erika e Klaus)

Com uma vida tão curta quanto frenética, Annemarie Schwarzenbach (1908-1942) foi escritora, fotógrafa, jornalista, viajante e deixou uma impressão duradoura e algo assombrosa em quem a conheceu.

Filha de uma das famílias mais ricas da Suíça – de industriais (do ramo da seda) e militares com vínculos com a extrema direita –, foi criada como prodígio por uma mãe dominadora. Em 1931, torna-se doutora em história, publica seu primeiro livro, *Freunde um Bernhard* [Amigos de Bernhard], passa a morar em Berlim, então capital da República de Weimar e em plena efervescência cultural e comportamental. Lá se torna amiga dos irmãos Klaus e Erika Mann, por quem se apaixona, tem suas primeiras experiências com a morfina e escreve *Novela lírica* (1933). Suas noites são longas e alcoólicas, seus carros, rápidos (um deles chegou a se chocar contra um bonde). O amor por

Erika, a amizade próxima com Klaus Mann, o vício por morfina e a escrita a acompanhariam por muitos anos.

Schwarzenbach logo percebe a gravidade decorrente da chegada de Hitler ao poder em 1933 e deixa a Alemanha. Ajuda a financiar *Die Sammlung*, periódico literário dirigido por Klaus Mann que publica escritores de expressão alemã agora exilados, como Bertold Brecht, Joseph Roth, Alfred Döblin, Else Lasker-Schüler, Heinrich Mann, Ernst Toller[1], além de outros como Ernest Hemingway, Jean Cocteau e André Gide. Seu posicionamento político antifascista e seu apoio à resistência causam um sério conflito com sua família, fervorosos entusiastas de Hitler. Ela passa então a viajar com frequência, vai à Espanha com a fotógrafa Marianne Breslauer. Procura ficar distante de casa e mesmo da Europa — junta-se a uma expedição arqueológica através de Turquia, Síria, Palestina, Iraque e Irã, passa a fotografar e escrever sobre suas viagens (data dessa época o livro *Inverno no Próximo Oriente*) e se destaca como jornalista interessada pelo contexto sociocultural dos lugares que visita. Mais tarde, acompanha Klaus Mann em um congresso de escritores em Moscou, depois viaja pelo sul da Rússia e, de lá, volta para Teerã e se dedica à escavação.

Além do antifascismo, assumir sua sexualidade fora dos padrões também era fonte de conflitos familiares. Em 1935, Schwarzenbach casa-se por conveniência com o diplomata francês Claude Clarac – além do passaporte diplomático referido algumas vezes neste livro, o casamento poderia conferir-lhe mais autonomia em relação à sua família. No período em que vive com Clarac no Irã, seu consumo de morfina se intensifica e ela

---

[1] Joseph Roth, Heinrich Mann e Ernst Toller são publicados no Brasil pela Mundaréu. [N.E.]

escreve *Morte na Pérsia*, posteriormente retrabalhado e publicado como *O vale feliz*.

Em 1936, viaja pelos Estados Unidos (aos quais retornaria em 1937 e 1940) com a fotógrafa norte-americana Barbara Hamilton-Wright e busca retratar os impactos da Grande Depressão em zonas industriais e a segregação racial no sul do país. Em viagens à Alemanha e aos Países Bálticos (1937), à Áustria e à Tchecoslováquia (1938), documenta o crescente apoio ao fascismo na Europa. Sua intensa atividade, no entanto, não a impede de alternar recaídas no uso de morfina nem a livra de internações.

Em junho de 1939, após uma temporada de desintoxicação na Suíça e buscando se afastar da violência europeia do imediato pré-guerra, ela empreende uma viagem de carro para o Afeganistão com Ella Maillart[2]. Em 6 de junho, partem de Genebra e chegam ao Afeganistão no fim de julho, alcançando a capital, Cabul, quatro semanas depois. São cerca de 7 mil quilômetros entre Genebra e Cabul.

À época da viagem, a Europa testemunhava a ascensão do fascismo em diversos de seus países, a derrubada de um regime democrático na Espanha e sua consequente e sangrenta guerra civil, as recentes anexações de partes da então Tchecoslováquia e da Áustria pela Alemanha nazista, a conflituosa reorganização dos Bálcãs após a derrocada dos impérios Austro-Húngaro e Otomano.

O Oriente Médio sentia a turbulência pela qual passavam as potências coloniais europeias. Anteriormente partes do Império Otomano, a Palestina, a Síria, o Líbano e a Mesopotâmia ha-

---

2 Ella Maillart (1903-1997), atleta olímpica e escritora de viagem suíça. Relatou a viagem em *Der bittere Weg: Mit Annemarie Schwarzenbach unterwegs nach Afghanistan* [O caminho amargo: viagem com Annemarie Schwarzenbach ao Afeganistão] publicado pela primeira vez em 1948. [N.E.]

viam passado às administrações inglesa e francesa. A Turquia, em reação às concessões que fizera ao fim da Primeira Guerra Mundial e após guerras internas e externas, era agora uma república governada por um movimento nacionalista e reformista (liderado por Atatürk[3] até sua morte), que avançou em laicidade e no reconhecimento de direitos das mulheres. Além disso, o petróleo havia se tornado essencial na economia do planeta, e a região passou a receber petroleiras ocidentais e estradas. O Irã, em pleno processo de industrialização e urbanização, e o Afeganistão, desde 1926 uma monarquia, tentavam deixar para trás o longo período em que estiveram sujeitos à disputa e à influência dos impérios Russo e Britânico.

A Segunda Guerra eclode quando nossas viajantes estão em Cabul. Schwarzenbach insiste em seguir até o Turquestão, Maillart quer interromper a viagem conjunta e partir para a Índia. A relação entre elas já estava bastante desgastada pela diferença de personalidade e, especialmente, pelas recaídas de Schwarzenbach nas drogas e pela frustração de Maillart por não ter sido capaz de recuperá-la. Elas se separam em Cabul, e, até outubro, Schwarzenbach colabora em escavações da delegação arqueológica francesa. A seguir, elas se reencontram brevemente na Índia, antes de Schwarzenbach regressar à Europa.

Depois dessa grande viagem um tanto frustrada, Schwarzenbach volta aos Estados Unidos em junho de 1940 e trabalha num comitê de auxílio a refugiados de guerra; seu pai morre alguns meses depois; ela tem uma nova crise e é internada à força para tratamento psiquiátrico, sendo posteriormente obrigada a deixar os Estados Unidos. Ela ainda faz uma viagem longa ao

---

3 Kemal Atatürk (1881-1938), militar e estadista, foi fundador da República da Turquia e seu primeiro presidente (1923-1938). Introduziu reformas políticas, culturais e econômicas a fim de modernizar o país após a derrota e a extinção do Império Otomano. [N.E.]

Congo (1941-1942), então uma colônia do rei da Bélgica; sobre ela recaem suspeitas de ser uma espiã alemã, e ela parte para Uganda e Ruanda. De volta a Sils, sua residência na Suíça, trabalha no manuscrito de seu livro iniciado na África.

Morfinômana, com um histórico de depressão, tentativas de suicídio e internações, sobrevivente da malária, Schwarzenbach morre em novembro de 1942, após uma queda de bicicleta, aos 34 anos, quando tentava, mais uma vez, se manter longe do vício e cogitava assumir um posto de correspondente estrangeira em Lisboa.

Após a morte de Annemarie Schwarzenbach, sua mãe teria queimado seus diários, cartas recebidas e escritos diversos. Suas fotos, obras e materiais que sobreviveram se encontram hoje em arquivos públicos suíços, vários dos quais permaneceram inéditos até os anos 2000. Apesar de sua curta vida, Schwarzenbach deixou vários livros, publicados ou em manuscritos, centenas de artigos e fotorreportagens para as imprensas suíça, alemã e americana, milhares de registros fotográficos de suas viagens e uma personagem que continua a encantar e encorajar pessoas no século XXI.

* * *

Schwarzenbach foi uma viajante singular. Da mesma forma, este livro escapa às características mais frequentes nos relatos de viagem tradicionais. Extrapola os comentários forasteiros e curiosos sobre os locais que a autora visita – aqui encontramos peças literárias que mesclam experiências passadas, expectativas e impressões aguçadas sobre o que é vivenciado.

Além de escritora talentosa, Schwarzenbach é uma pessoa multifacetada, com experiências de muitas viagens com propósitos diversos e em vários continentes, e dona de um olhar treinado e sensível. Não lhe escapam a condição feminina, detalhes da vida tradicional e o impacto de mudanças políticas e econômicas à vista da longa história da região. Para reforçarmos esse aspecto, incluímos nesta edição artigos ausentes em edições estrangeiras da obra (com exceção de um deles, presente apenas na edição comemorativa da editora suíça de Schwarzenbach, publicada em 2021). São textos com ecos da região que ainda hoje podem ser ouvidos: os budas de Bamiyan, de que trata Schwarzenbach em "A face do grande Buda", eram tão representativos que foram dinamitados pelo Talibã em 2001, em meio à comoção internacional; provando o caráter indômito referido em "Neutralidade afegã?", o Afeganistão foi invadido em 2001 pelos Estados Unidos, que, após terem seus objetivos frustrados, o deixaram em 2020 em colapso; por fim, "Dilema e delícia turca" discute a importância geopolítica da aparentemente marginal Turquia na Segunda Guerra; hoje, com a invasão russa à Ucrânia em 2021, voltamos a ver a posição turca inflada nas discussões envolvendo a Otan. Estes dois últimos artigos foram escritos após a viagem (por volta de janeiro de 1941), em plena guerra e em inglês, indicando o desejo de Schwarzenbach de tratar a quente temas políticos voltados a uma audiência mais ampla.

Afora esses artigos, os textos deste livro foram escritos por Schwarzenbach durante a viagem ao Afeganistão, boa parte deles publicados na imprensa da época. Como referido anteriormente, Schwarzenbach imprime sua marca a esses relatos: são descritivos do ambiente, porém dotados de profunda subjetividade; falam apenas da viagem em si, sem qualquer informação pessoal ou sobre Maillart, mas são impressionistas – Schwarzenbach se dedica aos eventos que a impactam sem compromisso com um relato integral e cronológico –, tratam do que a anima, do que prende seu interesse.

Annemarie Schwarzenbach nas ruínas de Persépolis, Irã, 1935 (fotógrafo desconhecido).

Os artigos são reflexões pessoais de alguém com muitas referências e interesses (várias são as passagens em que encontramos referência a uma grande dinastia, império, centro comercial esquecido que deixou marcas fantásticas na região). A viagem é tanto exterior quanto interior, opção que convida a linguagem a ser mais poética e perscrutadora. Assim, os relatos são líricos e eivados de um embevecimento genuíno ao tratar de montanhas, vales, desertos e pessoas que a autora encontra ao longo do caminho, atentos a mudanças políticas e sociais, à importância da religião e dos lugares sagrados, com fascínio pela liberdade do nomadismo, uma liberdade que não parece mais ser possível na Europa. E são sempre dotados de certa melancolia, pois espelham os estados anímicos da autora.

* * *

A editora agradece encarecidamente ao tradutor desta obra, Giovane Rodrigues, por seu mergulho na viagem da autora, que rendeu os comentários que serviram de base à maior parte das notas e do glossário desta edição. Agradecemos também ao Arquivo Literário Suíço, da Biblioteca Nacional Suíça em Berna, que nos possibilitou acesso a textos e manuscritos de Annemarie Schwarzenbach e às fotos tiradas por ela durante a viagem.

Ao final de cada texto, estão as informações disponíveis sobre publicação e datas. Optamos por elaborar um glossário para os mais curiosos - para facilitar a identificação, as palavras dele constantes encontram-se em uma fonte distinta ao longo do livro.

São Paulo, abril de 2023

*mundaréu

Annemarie Schwarzenbach no Palácio Bagh-e-Jahan Nama em Tashqurghan, Afeganistão, outubro de 1939 (fotógrafo desconhecido).

Todos os caminhos estão abertos
Viagem ao Afeganistão 1939-1940

Itinerário da viagem de Annemarie Schwarzenbach
e Ella Maillart ao Afeganistão.

O Ararate

As fronteiras dos Bálcãs

Haviam nos contado sobre as estradas dos Bálcãs, e seria possível escrever um capítulo inteiro a respeito, especialmente agora que nosso Ford deixara para trás todas essas provações e percorria a costa da Anatólia no convés do vapor turco *Ankara*. Nosso mapa indicava uma "estrada internacional" partindo de Trieste, passando por Zagreb, até Belgrado, de Belgrado até Sófia, e de Sófia diretamente até Istambul. Certamente essa estrada existe: para além da capital da Iugoslávia havia oitenta quilômetros de asfalto, de Lüleburgaz até Constantinopla, mais de cem quilômetros, e longos trechos em construção, o que deveria nos servir de consolo. Mas, nos pontos em que estava em construção, não havia mais estrada para nós, de modo que seguimos em campo aberto. Na Bulgária, mandaram-nos passar por um caminho equestre através de um vale de fantástica beleza, e o Ford foi paciente como uma mula. Após Adrianópolis, penamos através de uma planície aberta, descampada e árida, em que caminhões e ônibus haviam cavado trilhas sulcadas, onde havia muita pedra e pouco pão, e estávamos felizes apenas por seguir em frente, ainda que a oito quilômetros por hora. À nossa frente, porém, estendia-se no horizonte o leito amarelo de futuras estradas, retas como setas, iluminadas pelas barracas brancas dos engenheiros; centenas de operários, homens, crianças e velhos, eram empregados ali. Cavalos pacientes e parelhas de bois diante de seus carros aguardavam apinhados, sob o calor do meio-dia, nas estreitas margens do caminho; nosso carro ferveu e parou diante de poças e buracos intransponíveis, como que perdendo o fôlego. E, no entanto, trabalhava-se na nova Turquia; superada Lüleburgaz, havia de fato a futura "estrada internacional" com que tanto se sonha, a qual permitia que nos aproximássemos, agora em alta velocidade, do azul ameno e velado do mar e dos muros de Bizâncio...

Basta de estradas: decidimos não entediar o leitor, que se manteve em casa com suas preocupações cotidianas, com nosso carro. Por que nos arriscamos justamente com *este* caminho? Quando viajei pela primeira vez para o Oriente, há cinco anos e meio, tomei o Expresso do Oriente (cruzamos seus trilhos e, em dado momento, chegamos a passar por seus vagões fechados); àquela época, os Bálcãs eram uma região de uma melancolia uniforme. Mas desta vez tomamos contato com *as fronteiras* e na época de colheita. Quanta riqueza, quantas diferenças, em compensação, em toda parte as mesmas leis básicas: assa-se o pão, colhem-se os legumes, armazena-se o feno, e os rebanhos pastam tanto no Simplon suíço como na planície de Treviso, nas margens do Danúbio (ali onde ele se chama Dunav) e junto às colinas da Turquia europeia. No povoado de Simplon, em nosso primeiro dia e com nossos últimos centavos suíços, compramos um pão de centeio redondo, que tinha impresso em sua casca escura um belo padrão: um escorpião, constelações e letras. Comemos o primeiro pedaço desse pão suíço no café da manhã no Piemonte, diante de nossa cabana cheia de orvalho, enquanto à nossa volta os camponeses italianos saíam para o trabalho levando foices nos ombros; mordiscamos as últimas casquinhas na Bulgária, um pouco antes da fronteira turca, lá onde há trigo, rosas e frutas silvestres, milho e tomate, mas não pão preto. Nesse meio-tempo, comemos uma grande variedade de pães. Na Itália, as camponesas reclamaram um pouco e nos mostraram um punhado de cereal nas mãos ásperas: "Agora temos de fazer café com isto".

Na Eslovênia, numa hospedaria no povoado de Kostanjevica, que em alemão já se chamou Landstraß, serviram-nos café vienense, leite integral e *Kipfels* frescos para o café da manhã. A hospedeira também reclamou um pouco, num alemão confuso: tempos atrás, aqui era a antiga Áustria, e, quando os rapazes iam para o serviço militar, voltavam como "senhores"; a imperatriz Maria Teresa possuía um castelo em Landstraß, onde autorizou que fossem cunhadas moedas. Nada restou do parque, agora uma selva; os turcos o destruíram. Por que reclamar? A senhora nos disse: antigamente, nos bons tempos, pertencíamos a um grande reino e vivíamos junto a um castelo resplandecente. Ainda que as estradas em Kostanjevica sejam as mesmas para as caleches da imperatriz, para nossas carroças e para os camponeses iugoslavos — antigamente, os que falavam alemão eram tidos como um povo mais elevado... E hoje? A gente percebe: alemães, colonos assentados por Maria Teresa, emigrados e outros, estão em menor número que os sérvios; nas cidades que costumavam abrigar guarnições, até os garçons falam alemão; em Zagreb, até as feirantes. E muitos desses alemães pensam que seria melhor voltar a pertencer a um grande reino. Não há mais Habsburgos, por isso é possível que uma classe escolar inteira, com o professor à frente, use o *"Heil Hitler"* como saudação no povoado de Kloštar, com seus belos mosteiros e sua igreja barroca branca, inconfundivelmente austríaca... Em apoio, uma velha camponesa nos perguntou, enquanto descansávamos à sombra de sua cerejeira: "É verdade, estimadas senhoras, que Hitler virá até aqui?". Ela havia emigrado da Boêmia ("os boêmios vieram para a Eslovênia quando os eslovenos foram para a América"), tinha de trabalhar duro, mas tinha o que comer e queria tranquilidade ... Sim, eles têm o que comer na Iugoslávia: que opulência as lavouras, as pastagens e os bosques nas terras montanhosas da fronteira italiana, os gigantescos campos encrespados desde as margens do Danúbio até os portões de Belgrado, e os camponeses possuem majestosos animais de tração, cavalos Schimmel húngaros fogosos e delgados à frente de suas carroças de feno e de cereais. Os homens se vestem de branco por debaixo de coletes coloridos, as mulheres, de blusas bordadas e amplas saias rodadas. Nós os vemos assim, à tarde, voltando dos campos para os povoados, onde hordas de gansos grasnam na lagoa morna do povoado. Oriente? Ocidente? Isso se foi com o caráter austríaco, não há mais igrejas barrocas brancas nas colinas verdes — digamos mais simplesmente: terra abençoada de camponeses.

A fronteira búlgara: quase um desfiladeiro, um vale muito estreito com montanhas mais abaixo. A estrada está em construção, por isso fizemos um desvio, e, mal havíamos passado pela enorme e solitária placa indicando a fronteira, deparamos com um espetáculo de cores: a terra vermelha, um regato montanhês, pastagens verdes, rebanhos brancos e encostas nuas. A paisagem já é levemente asiática, a face leste da colina é escura e sem vegetação, embora a parte ensombrecida seja como um oásis com água e verde-profundo! Alguns dias mais tarde, tendo passado por Sófia, atravessamos o famoso "vale das Rosas" em Plovdiv ou Filipópolis, e encontramos não apenas campos de rosas selvagens, uma enchente violeta de lavanda com seu frescor suave de aroma doce, mas também povoados completamente alterados. Resquícios da antiga Turquia, homens com calças esvoaçantes e turbantes coloridos, mulheres tímidas, ocultas da cabeça até as calças amarradas aos tornozelos desnudos — maometanas. Nós as vemos no dia seguinte nos campos de frutas silvestres como escravas sob a vista de um majestoso "patrão", que empilha as caixinhas cheias às margens do caminho. Pertenceriam esses seres tímidos e claramente desprovidos de direitos ao mesmo povo que o das orgulhosas e amistosas camponesas que se sentavam nas soleiras de seus chalés, costurando, e o das moças que cantavam com suas saias vermelhas?

De repente a paisagem vai se tornando agreste. À direita, corre o rio Maritsa, mais além fica a Grécia. E nos aproximamos de uma nova fronteira. No caminho pedregoso, tremula contra o céu a bandeira da Turquia.

14 de julho de 1939

Therapia[4]

De todos os nomes gravados em minha memória depois de uma longa viagem, este é o que me é mais querido. Será talvez por soar tão grego e tão sereno como um canto de louvor aos dias despreocupados que passamos nesta costa tão bela? Ou talvez porque devesse marcar o início e pertencer a uma época resplandecente, já muito distante — a viagem mal havia começado, eu mal havia deixado para trás as colinas cheias de videiras e os povoados camponeses da Iugoslávia, os campos de frutas silvestres e de rosas, os morros amarelo-ocres da Bulgária, os delgados minaretes de Edirne, ainda não havia me acostumado ao céu instável das terras balcânicas, e Istambul já se refletia no Bósforo!

Isso ainda não significava, nem de longe, um primeiro ponto de chegada, mesmo que preliminar — eu reconhecia os telhados abobadados dos bazares, o crescente mar de casas e as vielas úmidas de Vera, o esplendor da basílica de Santa Sofia e da mesquita de Solimão; também ouvia os ruídos intermitentes da estreita megalópole e comia os peixes assados e as frutas açucaradas que já provara antes. Tudo outra vez! Era como se

---

[4] A autora usa o nome grego do antigo bairro de Istambul, hoje chamado Tarabya, que fica na margem europeia do estreito de Bósforo. [N.T.]

tudo estivesse refletido na cintilante bainha de uma espada, as pontes brancas em que formigavam multidões, os vapores ondejando lentamente, as gaivotas e, finalmente, o muro solitário, erigido em meio aos bosques de oliveiras, à luz do crepúsculo dourado. Eu tinha a impressão de que não poderia me perder em tal paisagem, ela me era familiar demais — e nada me impediria de alugar um quarto num dos sinuosos morros costeiros de Beyoğlu e me sentar à janela, um andar acima do barulho oco das vielas, e todo dia contemplar abaixo impassível até anoitecer. Porém, era fácil refazer esses cálculos: eu estava apenas havia alguns poucos dias na estrada, havia acabado de comprar, de um padeiro no alto do Simplon, um pão de centeio redondo e de comer seu último pedaço diante da fronteira turca, à beira da estrada, quando emergiram no céu noturno levemente esbranquiçado as torres das mesquitas, cativantes e intangíveis; eu havia acabado de dormir às margens do Danúbio, ao abrigo dos campos amarelos de trigo, de passar por uma pequena igreja barroca branca no horizonte de pastagens bucólicas, ultrapassando carros de boi e carroças leves movidas a cavalo, e também uma procissão de crianças camponesas sob andores e bandeiras ondulantes. Ainda ontem eu vira o mar e seu azul-espumante a partir de falésias avermelhadas não muito distantes de Trieste. Como eu não tinha um destino certo, nem queria fazer paradas de um dia, sossegar ou encontrar um paraíso terrestre, aquilo tudo me dizia muito pouco — nós nos nutrimos de um horizonte longamente visto, e então torres de igrejas e campos de trigo voltaram a submergir, as bandeiras se extinguiram, os sinos se calaram, as mulheres passaram a trajar outros lenços na cabeça e outras saias rodadas; em vez de gado branco a pastar, eu via búfalos-d'água pesados e untuosos deitados na lama quente sob uma ponte; a amplidão de montes e campos estivais ficaram para trás, uma estrada estreita à beira de uma escarpa seguia por um vale romântico adornado de sombras amareladas, marrons e violeta em montanhas sem nome.

Para que eu deveria saber também o seu nome! Uma vez na estrada, esquecemos toda sede de saber, não conhecemos despedidas e arrependimentos, tampouco perguntamos "de onde" ou "para onde". No melhor dos casos, é a partir do mostrador que calculamos que o tempo avançou uma ou várias horas e que, portanto, avançamos consideravelmente rumo ao leste. A cada dia fica ainda mais impossível retornar, e isso nem mesmo seria desejável. As roupas se rasgam, indicando que fomos longe demais, que nestas terras estranhas somos como um mendigo, uma criança sem cama, um padre sem igreja, um cantor sem voz — acaso ansiamos por segurança? Acaso tememos viver em vão? Acaso queremos compensar, recuperar algo perdido?

Nenhum de nós sabe de que vivemos — como então poderíamos perder ou nos arrepender por algo perdido? Em Istambul, quando me encontrava profundamente cansada no fim da tarde, e a abóboda do imemorial portão da cidade se fechava sobre mim, o pavimento das ruas ressoava, as lamparinas a óleo das vielas dos bazares se acendiam, e as murmurantes águas noturnas do Bósforo enfim corriam, deslizando numa quietude incessante — nesse momento eu poderia ter respirado e, por um instante, acreditar ter chegado a um destino qualquer, merecendo honestamente esse reencontro ainda mil outras vezes. Mas logo teriam me ocorrido dúvidas terríveis a respeito de ser esse o lugar correto, o lugar último; em sonhos, eu veria os domos de outras cidades e, desperta, buscaria seus belos nomes em placas e mapas. A viagem não nos pede nenhuma decisão, tampouco põe nossa consciência diante de uma decisão única, que nos tornaria responsáveis e arrependidas, submissas e obstinadas, até o ponto em que deixaríamos de crer em qualquer justiça e acharíamos que esta vida é, para nós, um labirinto, uma infeliz provação. Partir é libertar-se — ah, a única liberdade que nos resta! —, o que exige de nós apenas uma coragem inabalável e a cada dia renovada...

Assim, caminhei por Istambul como uma sonâmbula; não queria me imiscuir com aquela familiaridade visível e tangível, sempre mirando, para além do avultante mar de telhados, a costa asiática. Ali começava um novo mundo, os morros pelados da Anatólia, semelhantes a nuvens estáticas enfileiradas uma diante da outra; ali sopravam ventos mais fortes, a voz humana aos poucos desaparecia, rebanhos cintilantes pastavam sobre áreas imensas; ali havia incensos cerimoniais que continuavam a aparecer de estepe a estepe até encontrar, mais a leste, os nômades de olhos puxados do Turquestão[5] e, muito além, o mar Amarelo — o limiar que eu precisava cruzar.

Isso já ficou para trás. Aquele começo de uma grande viagem se tornou uma lembrança doce e despreocupada, como um sonho que não tememos e não desejamos perder. Ah, lembrança! Lavouras vaporosas, morros dourados — e os hinos para sempre ressoantes, que não machucam mais, que não movem mais o coração.

Desde então, nomes se tornaram montes, o Ararate se ergueu coberto de neve em meio a paredes de nuvens, a imponente cordilheira do Indocuche[6] se mostrou inabalável, no deserto

---

5 O Turquestão é uma região geográfica de povos turcomanos que compreende um largo território a leste do mar Cáspio. Era o modo de os persas se referirem genericamente ao território dos povos turcos. [N.T.]

6 Cordilheira que se estende do centro do Afeganistão, passando pelo norte do Paquistão e pelo sul do Tajiquistão, até alcançar a China. Os gregos antigos a conheciam como "Cáucaso índico". *Hindukush*, aliás, é o termo árabe para a "fronteira com os hindus". [N.T.]

do Turquestão o frio flutuava com um hálito fatal e na velocidade dos famosos cavalos de focinho branco; não há palavras para descrever.

O que me resta daquela terrível solidão?

Therapia fica tão distante quanto as ilhas da infância. Tendo dito tudo, confessado tudo, agora gostaria de esconder meu rosto e me calar. Se, apesar disso, invoco e amo esse nome, talvez seja porque nada pesa sobre ele — que já estava lá desde o começo — e nada se prende a ele além do aroma, soprado já muitas vezes pelos suaves ventos vespertinos, de framboesas colhidas frescas e que agora estão à venda no pequeno porto; a água, saturada da luz da lua e por ela acalmada, bate sonolenta no muro; no jardim que se eleva de terraço em terraço, movem-se as folhas e as tochas gotejantes — o Bósforo noturno foi, por uma hora, o paraíso jamais sonhado —, mas então já nascia a alvorada com pássaros jubilosos e barcos de pesca em partida.

Eu gostaria de poder contar o transcurso e a continuação dessa viagem quando já estivesse concluída! Com todas as provações superadas, perigos e eventos mágicos e inesquecíveis — e, uma vez mais instalada na suavemente ondulada baía de Bandorá, os olhos repousados nos tons pastéis do céu e do mar, no horizonte que submerge. Uma vez mais! O consolo da manhã fresca! Mas esqueci tudo, também a última hora. Deixem-me abrir os olhos para o tempestuoso encontro...

National-Zeitung, 3 de abril de 1940

Trebizonda: adeus ao mar

Em Istambul, um jovem engenheiro bastante sagaz nos avisou: "Vocês, duas mulheres sozinhas que não falam turco, vão atravessar o interior da Anatólia, de Trebizonda até o Irã? É possível que não tenham nenhum problema, mas talvez enfrentem dificuldades suficientes para se arrepender dessa viagem pelo resto de suas vidas...". Que tipo de dificuldades? As estradas, que ainda estão em construção? Isso não pode ser mais penoso do que o trecho entre Edirne e Lüleburgaz! Seria a falta de alojamento? Nós acampamos e cozinhamos nosso próprio risoto. A polícia? Nossos passaportes estão em ordem e sabemos que não devemos tirar fotografias em zonas militares. O engenheiro deu de ombros: "A extensão das zonas militares muda, ninguém sabe dar informações precisas sobre isso. E, não faz muito tempo, espiões alemães estavam sendo presos".

Não somos espiãs. Não temos especial apreço por soldados ou por fortificações. Mas por que a estrada ainda não está pronta? "Não se esqueçam de que nosso presidente, como seu grande antecessor, Kemal Atatürk, é acima de tudo um soldado. Precisamos de ferrovias antes de estradas. Além disso, não temos petróleo como nosso vizinho Irã, embora tenhamos carvão".

Por enquanto, cruzamos o Bósforo no vapor branco, levemente arfante, *Ankara*, e o trecho de água entre as margens verdes e altas é tão agradável que é preciso se esforçar para lembrar o significado profundo e tão distinto desse nome no grande jogo de guerra e paz. E o mar Negro, apesar dos eventuais montes pelados asiáticos, deixa-se banhar pelo ar e pela luz, pela cor e pela serenidade do Mediterrâneo. O vapor ancora diante de pequenos portos, İnebolu e Sinope, Samsun e Kherson; a cada vez, uma flotilha de pesados pesqueiros zarpa para nos receber, os meninos apoiam os pés desnudos contra o banco à sua frente e remam como se suas vidas dependessem disso; carregadores, vendedores de cereja e de pão sobem a bordo, em poucos minutos o convés do elegante vapor se transforma em um mercado, e nosso Ford serve como estande de mercadorias e barraca de feira; o comerciante se senta no apoio de pés com seus pães redondos e chatos; do bagageiro, um divertido jovem oferece sorvete cor-de-rosa. A multidão se amontoa, multidão pobre da classe econômica, camponeses em calças turcas antigas, um ancião com turbante, mocinhas que compraram meias e bandeirolas europeias em Istambul, mulheres em calças largas e pantufas frouxas se arrastando com o rosto escondido pela ponta de seus lenços, e incontáveis crianças. Vivem entre pacotes de mercadorias, guindastes e nosso carro, vivem de um pouco de pão e de frutas, vivem pacientemente, jogados de um lado a outro, felizes por encontrar um lugarzinho para seus colchonetes.

Deixamos Istambul em 20 de junho e no dia 23, logo na alvorada, o vapor aportou na cidadezinha branca de Trebizonda. Eu me perguntava como descarregariam nosso carro, e, de fato, que método único! Eles colocam um acolchoado de palha sob as rodas, em seguida um guindaste carrega o carro, que balança fortemente, para além da amurada até um barco, mais abaixo, remado por dois homens, onde as rodas dianteiras ficam depositadas sobre um banco. Uma hora mais tarde, o carro se encontra praticamente ileso sob o sol ofuscante na doca de Trebizonda, e seguimos aos solavancos pelas ruelas íngremes daquela que, um dia, foi a suntuosa capital da dinastia dos Comnenos.

Não restou muito de seu esplendor, um par de igrejas bizantinas e, em alguns de seus desfiladeiros, ruínas de fortificações, torres amarelas e muralhas. A princípio, não buscamos nenhum vestígio de história, mas, sim, o escritório da firma Hochstrasser, Importação & Exportação, que atua, principalmente, preparando e expedindo avelãs dos arredores de Trebizonda. Uma antiga firma suíça, e um suíço, o Sr. Vonmoos, nos recebeu e acompanhou muito gentilmente.

Não tínhamos tempo para ficar em Trebizonda — muito embora fosse atrativa a ideia de contemplar a maravilhosa superfície do mar azul-aveludado, participar um pouco da vidinha dessa cidade pequena, com barracas nos bazares apinhadas de cerejas, frutas silvestres, grandes tomates e incontáveis legumes, com campos fartos e verdes e cujo centro, todo branco, fora construído antes da guerra pelos gregos que povoaram essas costas. Vemos tudo isso pela última vez.

Seguimos com nosso carro no fim da tarde, subindo em direção ao vale. Logo se percebe: trata-se, aqui, de uma despedida. Esse vale ainda é verde e fresco por conta da brisa do mar. Vemos rebanhos em bons pastos, arbustos de avelãs, pequenos campos em encostas íngremes e, por toda parte, junto a árvores de folhas largas, antiquíssimas capelas gregas. Quando começa a escurecer, chegamos a um bosque de coníferas, o vale se estreita até virar um desfiladeiro, e uma densa névoa impede a visão do caminho que passou, a última visão que teremos do mar, aquela que Xenofonte teve dessa mesma altura. Seguimos seu caminho na direção oposta. Já estamos no desfiladeiro de Zigana, a mais de 2 mil metros de altura, está frio, mas ainda não escureceu. Vemos um magnífico panorama, cordilheira após cordilheira, um mar de montanhas marrons e desnudas, paisagem asiática, imensidão asiática.

Não há mais capelas gregas, arbustos de avelã ou árvores frutíferas. Descemos na primeira parada após a passagem, em Gümüşhane; há caminhões parados diante do "restaurante" iluminado da casa que nos foi indicado como hotel. Somos conduzidas por uma escada estreita, um lampião de querosene foi posto em nosso quarto, que está vazio, salvo por três camas de ferro com mantas costuradas envoltas por capas brancas não muito limpas. Descemos ao Lokanta Eier para comer, e nos serviram ovos e uma sopa de leite azedo, ervas e bastante gordura. A porção de fígado que Ella comeu foi, segundo sua avaliação, assada em querosene. Na mesa ao lado, havia alguns homens com barba por fazer tomando *raki*; um deles era arquiteto, outro, engenheiro de estradas, profissões de que a nova Turquia necessita. "Pretendem seguir até Erzurum e ainda irão adiante? Vocês verão que a estrada está parcialmente pronta e em construção em todos os pontos..."

Há uma terra gigantesca à nossa frente. Deixamos o litoral, o ar suave e o belo céu que lembravam o Mediterrâneo e que, por isso, ainda se ligavam a nós. À noite, fechamos a porta com uma corrente curta e um gancho preso ao batente; um policial pediu para entrar e tomou nossos passaportes. Não estamos mais em um país livre. A polícia quer saber onde passamos as noites. Ainda poderemos acampar onde nos aprouver? Do lado de fora, acendiam-se os faróis dos caminhões, e os motores arrancavam ruidosos; enquanto isso, pensamos, não sem alguma nostalgia, nas doces paisagens da Iugoslávia e em nosso acampamento à beira do Danúbio, sob as árvores...

Der Bund, 31 de outubro de 1939

O Ararate

Não sei por quanto tempo permaneci nos telhados do castelo de Bayazid e, dessas alturas abismais, observei o monte Ararate. Era uma visão majestosa! Passaram-se horas; o vento, que soprava sobre as rochas e que se lançava pelo planalto, como uma legião que se reúne, era o mesmo dos morros largos e sólidos de Erzurum e que, de manhã cedo, passaria pelo Eufrates recém-nascido em um desértico vale lunar. Dia e noite o mesmo vento, e na manhã seguinte outra vez, e o ano todo — acaso seria possível respirar, recompor-se, desviar o olhar do pico eternamente coberto de neve, livre das cortinas de nuvens ondulantes, e voltá-lo para um ramo de oliveira? Levantar-se, arrumar a cama e tornar a encontrar os homens em seu trabalho diário numa planície árida? Pois ali eles construíam as novas estradas para Tabriz, construíam canais e pontes, secavam pântanos e edificavam, ao pé do burgo imemorial, a futura Bayazid, uma cidade feita de argila e telhas onduladas. Eles moravam ali, jovens engenheiros, trabalhadores, camponeses, turcos, russos, apátridas, funcionários e aventureiros, pioneiros sem mulheres, mandando trazer de longe, dos desfiladeiros, sua água de beber. Menos longe, nas planícies desmatadas, corre uma linha férrea enferrujada como um moinho d'água num deserto de areia, e há algumas locomotivas velhas como animais prostrados: os últimos vestígios da via estratégica construída pelos russos durante a guerra mundial. Uma nova estrada, uma nova via — eu ouvia o trepidar de pesados rolos compressores sobre o cascalho e os passos de incontáveis parelhas de bois que aplanavam o caminho. Ela cortava a fronteira persa como uma seta branca, através de encostas rochosas, passando por povoados curdos e por ruínas ainda fumegantes de igrejas armênias, por meio do ressequido e rachado leito do dilúvio. E nem uma única oliveira no caminho! O par de leões babilônios domados já velhos, os famintos asnos selvagens de lombo arredondado perdidos em busca de liberdade! Manadas de búfalos-d'água, reluzentes de óleo, substituíam os elefantes e deitavam indolentes sob as novas pontes; mais distante, a uma grande altura, eu via circulando um pequeno falcão, feliz por ter aplicado o golpe mortal numa pomba cinza. Em um vilarejo para além da fronteira — há um morro azul-ensolarado, semelhante a uma miragem do Ararate e cercado por canais compostos por árvores, às margens das planícies solitárias da Pérsia, de um amarelo reminiscente ao da lepra —, ali, diziam-me, estava enterrado o patriarca Noé, num jardim de videiras.

Não nos detivemos ali nem por um minuto. Também não paramos nos povoados curdos de cor de argila entre os campos de cereais, tampouco na colina em forma de sela, a fronteira entre a Turquia e a Pérsia, onde as densas formações de nuvens da Anatólia se dissolvem subitamente, as imensas rochas e a hera da estepe ficam para trás, e o olho, de uma hora para outra, precisa se acostumar com a arejada imensidão, com o azul-evanescente do céu persa, com as planícies dessa terra estranha — ofuscantes, translúcidas, cujos morros embotados de azul mal conseguem limitar. No meio-tempo, no outono de

1939, a região de Bayazid foi assolada por um grande terremoto. O sucessor de Atatürk apareceu nos jornais apertando as mãos de viúvas, órfãos e desabrigados. Nessa época, a guerra já havia eclodido na Europa.

O castelo de Bayazid certamente deve ter desmoronado. Torres e muros, balançando como velas infladas pelo vento, devem ter sido tragados pelas profundezas, o fogo das casas do povoado deve ter se extinguido, e os jardins dos terraços devem ter sido cobertos de cinzas. Também a criança que, obstinada, certa vez me seguiu pelas vielas a alguma distância deve ter sido morta pelos destroços de pedra.

Agora me espanto com os desenhos que fiz durante a viagem. Esqueci a maioria dos nomes. Eu não poderia mais contar as lendas que reuni. Os jardins acolhedores, os pessegueiros e as paisagens vespertinas claras, tudo acabou como que coberto por cinzas. Passamos uma noite no povoado de Maku, que fica sobre as rochas, e escapamos por um triz de um terrível temporal. Um dilúvio iluminado por trovões que pareciam fogos de artifício surgiu a partir dos paredões, as vielas do povoado em um instante se transformaram em leitos de rio e em seguida em um campo de escombros; apenas os telhados despedaçados dos bazares ainda sobressaíam em meio aos blocos de detritos de pedras amontoadas.

Na manhã seguinte, um jovem oficial, que liderava os trabalhos de evacuação, seguiu conosco pelos terraços de Maku até nos abrigar sob um alto penhasco, no qual estava encravada a insígnia da vitória de Nader Xá, que certa vez tomara esse povoado de salteadores. Da abóboda fria e sombria, brotavam gotas d'água que caíam lentamente, atravessando o ar azulado como pérolas cintilantes. Disto me lembro com clareza: do véu docemente ilusório de orvalho sobre a terra e de como me sentei, congelando, esgotada pelo esforço da subida íngreme, no pequeno jardim do emir, e de uma jovem camponesa trazendo o jarro d'água à minha boca. Pois somos assim: nos alegramos com pérolas, com o azul do mar, com uma hora de paz a despeito de incêndios abrasadores, olhamos através dos campos de escombros, para aprendermos todos a mesma oração: Senhor, ajudai-nos a suportar nossas vidas...

Alguns dias mais tarde, olhei pela última vez para o monte Damavand. Não é preciso argumentar: o Ararate era maior, se assentava mais amplo e seguro na planície da Anatólia, e raramente seu cume coberto de neve se escondia estendendo nuvens ao redor de si. Seu nome deriva de primórdios mais pios; a doce lenda da Arca de Noé, marcada pelo amor aos animais, ainda se associa inconfundivelmente àquele cume, enquanto o Eufrates, que ali nasce, espuma margeado por bétulas.

O Damavand é um astro. Eu gostaria de esquecer seu nome para sempre — mas vê-lo de novo, vê-lo ainda uma vez mais!

Naquela tarde, eu estava cercada por camelos e tempestades de areia, com a garganta seca, meus olhos quase sem poder enxergar. Então uma nuvem se levantou na noite clara, algo que julguei ser uma daquelas alucinações do Oriente, uma miragem. Eu a vi se dissolver no horizonte estranhamente claro — então surgiu uma pirâmide listrada, um vulcão extinto, uma imagem cheia de dor e profundamente comovente: o imperecível.

A ESTEPE

A estepe

Faz bastante tempo, dois meses ou dois e meio, tudo aquilo já voltou a pertencer ao passado. E, no entanto, foi neste mesmo verão, cujos últimos dias passo em Cabul, a capital do Afeganistão, e foi nesta mesma viagem que me conduziu até aqui através de muitas fronteiras, capitais e estações de todo tipo. Se necessário, a placa da polícia do cantão dos Grisões e a pequena cruz suíça no meu Ford me demonstram que tudo correu de acordo com o programado e exatamente como consta nas anotações de meu diário. E, às vezes, é mesmo necessário. Talvez meu senso de realidade não tenha se desenvolvido muito, talvez me falte o instinto seguro e apaziguador para as circunstâncias concretas de nossa existência na Terra, nem sempre sou capaz de distinguir lembranças de sonhos e frequentemente confundo sonhos, que voltam a se tornar vivos em cores, cheiros e associações súbitas, com a certeza íntima e sinistra de uma vida anterior, cujos tempo e espaço não consigo diferenciar nem separar de um leve sono nas primeiras horas da manhã.

"Nossa vida se assemelha à viagem...", e, desse modo, a viagem me parece menos uma aventura ou uma excursão em domínios inusitados do que um decalque de nossa existência: residentes em uma cidade, cidadãos de um país, comprometidos com uma classe ou círculo social, pertencentes a uma família e clã e associados aos deveres de uma profissão, aos costumes de uma "vida cotidiana" urdida a partir de todas essas circunstâncias, frequentemente nos sentimos demasiado seguros, acreditamos que nossa casa foi construída para durar por todo o futuro, somos facilmente levados a acreditar em uma constância que, para alguns, faz do envelhecimento um problema e, para outros, que qualquer transformação das circunstâncias pareça uma catástrofe. Esquecemos que estamos submetidos a um transcurso, que a terra se encontra em constante movimento, e que estamos mutuamente implicados em cheias e vazantes, terremotos e eventos muito além de nosso círculo visível e tangível: mendigos e reis, personagens do mesmo e grandioso jogo. Esquecemos isso supostamente em vista de nossa paz de espírito, a qual, por sua vez, está construída sobre areia fina. Esquecemos isso para não termos de sentir medo. E o medo nos torna teimosos; só chamamos de realidade aquilo que podemos segurar com as mãos e o que nos concerne diretamente, e negamos a violência do fogo quando ele não queima nossa casa, mas a vizinha. Guerra em outros países? Apenas doze horas, ou doze semanas, distante de nossas fronteiras? Que Deus nos proteja! Encontramos o horror que, por vezes, também nos assalta nos livros de história; ele é sempre o mesmo, não importa em qual tempo ou lugar, independentemente daquilo que nos separa.

 A viagem também levanta o véu que cobre o segredo do espaço — e uma cidade de nome mágico, irreal: Samarcanda, a dourada, Astracã ou Isfahã, a cidade do óleo de rosas, se torna real no momento em que a adentramos e sentimos sua atmosfera. O calçamento de Damasco ressoa sob nossos pés, os montes de Erzurum se iluminam à luz do entardecer, os minaretes de Herat emergem nos rincões da planície. Mas uma epidemia de cólera nos mantém presas no Irã, e o que era apenas um devaneio fugidio, uma pausa para respirar, se transforma em um episódio, um segmento de vívida existência. Em Cabul, fazemos amizades, nos deslocamos com familiaridade, conhecemos o russo que assa pão europeu e Gulam Haidar, que dispunha de canetas-tinteiro, envelopes para o correio aéreo e Veramon. Já temos nossos hábitos diários, sabemos encontrar o caminho para casa mesmo no escuro, e depende completamente do acaso que não passemos o resto de nossas vidas aqui: aqui ou em outro lugar, no litoral do mar Cáspio, por exemplo, onde o clima é infernal, o caviar é vendido a preço de banana, e a malária é gratuita.

Será que alguma vez, no passado, chegamos a estudar os usos e costumes de povos estrangeiros? Sim, bastante bem, mas não aprendemos como os afegãos amarram seus turbantes nem conhecemos o sabor do pilaf cotidianamente consumido em um país em que são servidos diariamente arroz e carne de carneiro para comer e chá para beber e nunca nenhuma gota de álcool. Durante a viagem, a face da realidade se confunde com as montanhas, os rios, o modo de construção das casas, os jardins, a linguagem e a cor da pele. E a realidade de ontem ainda arde na dor da despedida, a de anteontem é um episódio encerrado, que nunca retornará, a de um mês atrás é um sonho, uma vida passada. Enfim compreendemos que o transcurso da vida não contém mais do que um número limitado de "episódios" como esses, que dependem de mil e um acasos, até encontrarmos o lugar em que devemos construir nossa casa — a paz de nossas pobres almas, porém, é um bem precioso da liberdade, o qual não se persegue e que não devemos regatear nem negociar com os ditadores que ateiam fogo em nossas casas, pisoteiam nossos campos e podem semear a cólera de hoje para amanhã.

Uma terrível incerteza? Terrível apenas na medida em que não somos capazes de olhá-la nos olhos. Mas a viagem, que a alguns pode parecer um sonho leve, um jogo atraente, a libertação da rotina, ou simplesmente liberdade, é, na realidade, impiedosa, uma escola voltada a nos habituar ao transcurso inevitável das coisas, aos encontros e perdas, à dureza nua e crua. "A viagem a Cabul" que se pode anotar no mapa, ainda que em esboço, que pode ser medida em quilômetros, ainda que com imprecisão, já é, em minha memória, um tapete finamente urdido, trançado hora a hora a partir de fôlego, suor e sangue irrecuperavelmente perdidos, pois o tempo anda com botas de sete léguas; desde então, há um evento muito distante do meu caminho: a guerra, que se impôs e assaltou a mim e à maioria dos meus contemporâneos como a cegos e surdos.

 Dois meses se passaram, talvez dois e meio. Ainda o mesmo verão, fim de julho, e eu havia deixado o altiplano iraniano e descia cruzando a passagem de Firūzkuh através da densa mata virgem, da selva úmida, dos campos de arroz da província de Mazandarão, inundados e cobertos por enxames de mosquitos, da costa do mar Cáspio, de um azul pálido e bordeado por dunas lúgubres. Uma terra fértil, melancólica, que evoca juventude, sonhos e lembranças de anos passados, na qual o xá permite que se construam fiadoras de algodão, parques agrícolas e instalações para secagem do tabaco. Com a crescente diminuição do rendimento de campos de arroz, os camponeses, movidos a quinino, passaram a trabalhar em fábricas; o arroz foi substituído por chá, e os casulos de seda locais passaram a ser explorados; na vila de pescadores de Mesched-i-Sehr, foi construído um hotel-palácio, para o qual muitos suíços foram contratados: diretores do hotel, tintureiros, fiadores de seda e cozinheiros. Crianças precisam trabalhar em turnos de 12 horas, as de 10 anos são remuneradas com meio krans diário, ou cerca de quinze centavos, as maiores, com dois krans, mas as mais talentosas estudam em escolas noturnas para que se aperfeiçoem em fiação e tecelagem, ou até mesmo para se tornar supervisores e muitas outras coisas.

    Eu pernoitava na casa de um suíço, cuja mulher nos preparava café enquanto esperávamos sentados ao mormaço no terraço e eu me permitia falar a respeito do país, do povo e das bênçãos do progresso por meio do trabalho: pois desde minha última visita, havia quatro anos, muita coisa mudara. Na manhã seguinte, deixei Mazandarão, o mar Cáspio ficou para trás, e a selva se abriu. Não havia mais telhados de palha, campos de arroz ou crânios de animais sobre as cercas. Logo, cessaram os campos de tabaco e, com isso, as propriedades do xá. Em seguida, os campos de milho, que continuavam sendo dos camponeses. Ainda havia pastos — em alguns lugares, no canto de um morro —, e então se avistavam um povoado, árvores, pão. Na estrada, um homem de barba loira caminhava, com botas de cano alto, enxada sobre o ombro. Parei o carro; o homem, de olhos azuis, respondeu laconicamente em russo: sim, é claro, ele havia chegado ali da Rússia, com outros mujiques. Não podiam mais viver em sua pátria, os guardas vermelhos lhes haviam tomado a última vaca, bem como as cruzes e os ícones de suas choupanas. Agora eles tinham aqui, no Irã, um novo povoado. Havia pão preto e mel; desejávamos comprar um pouco? Mas até o povoado não havia estrada em que fosse possível dirigir, e à medida que nos separávamos e eu seguia meu caminho me ocorreu que o russo tinha razão: a leste, um vasto horizonte se opunha.

    O ar era rarefeito e seco. Um vento quente se levantou. Agora já não havia mais árvores, grama, campo, vilarejo, choupanas, cercas, água. A terra se tornou amarela. De repente, o céu pálido caía sobre nós como pesadas cortinas, sob as quais a vida sufocava, e quando a tarde subitamente surgia, ele se coloria de violeta e de um amarelo-sulfúrico, de marrom semelhante à ferrugem e de vermelho em brasa — o espetáculo era belo, mas opressivo, como uma visão de *A Divina comédia*. Agora eu compreendia o que antes livros e mapas me haviam ensinado de modo insuficiente: que eu deixara para trás o levantamento tropical do mar Cáspio e entrado na estepe do Turcomenistão — o início daquela estepe e do deserto gigantesco que se estende por toda a Ásia Central até o extremo Oriente. E eu via esses domínios pela primeira vez. Lar dos nômades, das cabanas negras, as *yurts*. Mas, no Irã, os nômades foram forçados a se sedentarizar em virtude de um plano de progresso, as tribos, privadas de seus líderes e já estavam praticamente erradicadas. E o que dizer dos tapetes dos pendiques e dos teke-turcomenos, seus coloridos alforjes de sela, suas faixas de cabana, seus cavalos velozes? À minha esquerda, via no horizonte, agora apagado e pintado de chumbo, um par de miseráveis cabanas de pele de cabra e as estranhamente solenes silhuetas de alguns camelos esquálidos. Um cachorro latia. E, do mar Cáspio, do Ocidente, vinham as lentas batidas de asa de abutres brancos. Isso era tudo. A estepe se espraiava em deserto e silêncio, o calor era abrasador, a noite se unia com esse "começo de Ásia" numa lúgubre alucinação. Então Gonbad-e Qābus emergiu diante de mim, em linha reta, indubitavelmente na meta do meu caminho. Ali estava a torre mongol, mausoléu de um cã, gigantesco e singelo, e eu não cogitava se o ataúde de vidro ainda estaria suspenso sob seu teto pontiagudo, como quer a lenda das estepes. Para mim, basta o impressionante símbolo dos homens que não temeram a penúria e a grandeza da estepe, tão avessa às massas humanas. Respirei fundo e tentei, apesar de tudo, saudar a vida...

National-Zeitung, 10 de novembro de 1939

*Dromedário diante de uma torre em Gonbad-e Qābus,
Irã, julho de 1939 (Annemarie Schwarzenbach).*

Os prisioneiros

Eles se agachavam no interior da torre, um grupo de anciãos, e não ousavam levantar a cabeça por temor de se chocar contra o teto baixo daquela cadeia. E, no entanto, a torre era imensamente alta, um sepulcro mongol, um imponente símbolo da estepe. Em sua maravilhosa abóboda, erigida de forma arrojada e impecável com tijolos de argila, os filhos da terra acreditavam ainda poder ver o ataúde de vidro que, há setecentos anos, um poderoso cã mandou pendurar ali em correntes de prata para se proteger de ladrões de tesouros e inimigos.

O Gonbad-e Qābus! Não seria possível compará-lo a nenhuma outra construção, nem às pirâmides construídas por povos escravizados, nem às colunas de Persépolis ou aos minaretes azul-turquesa de Herat, testemunho do esplendor de grandes senhores, e menos ainda às catedrais dos cruzados, às cidades guerreiras ou aos domos dourados de An-Najaf ou de Mexede, pagos pelos peregrinos devotos. Pois essa torre é solitária, solitária — não foi destinada à glória, nem consagrada a serviços religiosos ou qualquer outro propósito. Os povos da estepe a conhecem como conhecem os ventos do mar Cáspio e os rastros das caravanas, e a louvam: o marco, a consoladora, a filha dos céus. As aves migratórias raspam seu topo, camelos pastam ao pé de seu morro, e até muito longe, até onde a vista alcança, é ainda o domínio dos nômades, o lar das cabanas negras.

Agora funcionários zelosos tomaram posse dela; vestem uniformes e são instruídos, dão ordens, requisitam, cobram impostos em nome da lei e da ordem! E do progresso!

Os velhos na torre são prisioneiros e não entendem muito do teor das normas. Mas se lembram de outrora, quando possuíam armas e cavalos velozes, a estepe ressoava sob cascos não ferrados, a grande liberdade se expandia à luz da tarde que cintilava e tremeluzia através da poeira, um mar de nuvens douradas! Quão felizes cresciam seus filhos!

Ali os pobres anciãos se calam e só com temor chegam a mover os lábios. Pois seus filhos são culpados, seu orgulho! O guarda anota os nomes, os pais prisioneiros assentem pacientemente e quase com ternura: "Sim, esse Ali Asker é meu filho, e Jakub, meu caçula, um belo e valente cavaleiro, as mulheres o adoram".

O uniformizado fica impaciente. E anota, anota como um escriba e fariseu — os velhos há tempos se calaram. Isso é legítimo: seus filhos, alegria e orgulho de sua geração, Ali Asker e Jakub e muitos outros, pertencentes à tribo dos turcomenos pendiques, fugiram para além da fronteira em direção à Rússia soviética, escaparam dos impostos, do serviço militar e da nova lei, rejeitaram a vida sedentária, invocaram as leis não escritas dos prados, seus rebanhos e cabanas foram confiscados, eles foram declarados culpados e devem tantos e tantos tomanos e riais para o poder estatal, *o poder estatal*!

"Mas vocês, pais infelizes, foram responsabilizados e encarcerados até que aquele Jukub, de cabelos pretos, retorne e se arrependa..."

Os anciãos não aprenderam a ler e escrever. Deixam-se guiar por outras mãos e assinam sua culpa.

Em breve não será encontrada mais nenhuma barraca negra nas estepes do Turcomenistão, assim como alforjes coloridos, tapetes, cabanas listradas ou cavalos não ferrados. No lugar, haverá campos de algodão, secadores de tabaco, fábricas têxteis, também escolas, hospitais e casernas.

Em um povoado próximo à fronteira da Rússia com o Irã — a oeste, a pálida costa do mar Cáspio, a leste, o horizonte da estepe turcomena —, encontrei dois companheiros loiros que se ofereceram para remendar os pneus furados do meu carro. Eles me trouxeram chá e melões, espalharam suas ferramentas e se puseram diligentemente ao trabalho. Eram russos e se chamavam Ivan e Piotr. "A senhora vem de Gonbad-e Qābus, a torre mongol?", perguntaram. Nunca haviam visto a torre, mas sabiam: o lugar era muito próximo à fronteira com a Rússia soviética, seu lar.

"Vocês são refugiados?", perguntei.

"Sem dúvida refugiados, russos devotos. Lá queriam nos obrigar a abjurar nossa fé, queriam nos enfiar em um *kolkhoz*[7] de algodão com nômades miseráveis, famintos. Então fugimos".

"E aqui?"

Ivan e Piotr haviam contraído malária e moravam em um caravançará, com um samovar e um ícone dourado. Não estavam bem. Sentiam saudade de casa. Mas conheciam bem seu ofício e montaram minha roda remendada cuidadosamente e com muito suor. Com grande simpatia, desejaram-me uma boa viagem. Eles foram tão calorosos, tão cordiais, tão piedosos! "A senhora

---

7 Do russo колхоз, forma reduzida de коллективное хозяйство [*kollektívnoe khozyáistvo*], estabelecimento ou unidade de produção coletiva]. Trata-se de uma cooperativa rural típica do regime soviético. [N.T.]

vai em direção ao Afeganistão?", perguntaram. "Talvez lá seja diferente, melhor, uma terra abençoada e livre?", e acenaram...

Em direção ao Oriente! Confrontar outros céus! Mas sigo sempre pelas margens da estepe, sabendo que a imensa e eterna fronteira é a do Irã com Turã, entre Herat e Samarcanda, entre Indocuche, Pamir e a margem do Oxus[8]: a fronteira entre as terras altas — que se elevam sobre as Índias abençoadas e as costas marítimas — e as imensuráveis planícies da Ásia.

Hoje isso significa: a fronteira russa com o Irã e o Afeganistão. Isto é: as Repúblicas Socialistas Soviéticas Turcomena, Uzbeque e Tadjique. Na cordilheira de Pamir se situa Stalinabad, pousam aviões, minas de estanho são exploradas; em meio à imensa e desértica estepe, canais são traçados, e campos, cultivados; o emir de Bucara, hoje cego, vive como refugiado num povoado afegão próximo a Cabul, seus seguidores, nômades, camponeses, senhores feudais, o acompanham para além do rio Amu Dária, levando consigo seus rebanhos de ovelha. Um fluxo de refugiados acorreu às fronteiras com o Afeganistão, foram aceitos e ali se assentaram em terras do deserto de Sistão, do Indocuche, em prados, em majestosos campos de algodão e fábricas de açúcar no Turquestão afegão.

Para onde quer que se olhe, o progresso está a caminho, a ordem se faz necessária, o Estado se torna todo-poderoso, aprende-se a ler e escrever, conquistam-se direitos civis, cobram-se impostos, presta-se o serviço militar, constroem-se estradas e levantam-se canhões.

Através da estepe, que é seu lar, nômades despossuídos fogem do Irã em modernização e progresso, sem saber o que en-

---

[8] Nome em grego usado na Antiguidade Clássica, atualmente conhecido como Amu Dária (os dois nomes são empregados pela autora). Com 2400 quilômetros, percorre o Tajiquisão, o Afeganistão, o Turcomenistão e Uzbequistão, desaguando no Mar de Aral. (N.E.)

contrarão para além da fronteira, na Rússia soviética. Das Repúblicas Soviéticas da Ásia, milhões fogem em direção ao sul, atravessando o Oxus, e são recebidos pelo Estado afegão, mandados a novas fábricas, pagos, instalados e somados ao novo proletariado. Ali eles capitulam, e um deles, um russo de barba loira vindo de Bucara, contratado para a nova usina de Pol-e Khomri, construída por engenheiros alemães, me responde, sisudo: "Aqui há trabalho e o trabalho é pago. O que mais a senhora quer?".

Não é ambição o que os move; nem esperança o que os incita. Mas o homem pobre, o prisioneiro, suporta muito, tudo, e se apega tenazmente à sua vida miserável. Pois há leis, fatalidades — e revoltar-se, ousar um gesto desnecessário e morrer em vão, é dado a poucos. Que lhes seja então concedido algum tempo, para que possam gastar suas vidas!

Mas, em ambos os lados da fronteira, distantes das novas estradas, há campos incultos, belos prados banhados por brilho dourado e clara luz noturna de estrelas. Ali ainda encontro cabanas nômades e rebanhos de homens livres, armados e hospitaleiros.

National-Zeitung, 29 de fevereiro de 1940

Terra de ninguém: entre a Pérsia e o Afeganistão

Mexede ficou para trás. Esquecemos a cidade sobre cujas ruas novas e retilíneas, sobre cujo bazar de vielas estreitas, cobertas e penumbrosas brilha a cúpula dourada do mausoléu do imã Reza, como um sino pendente do imóvel céu azul, como um astro que orbita e ilumina ao meio-dia. Esquecemos o azul imortal da mesquita Goharshad, o opressivo calor nos pátios que, com sua harmonia de cores e formas, parecem produzir música; esquecemos a escuridão e o esplendor dos reflexos no interior do santuário e os gemidos e lamentos dos peregrinos xiitas de todas as partes da Ásia, que por décadas de suas vidas sonharam poder beijar as grades do sarcófago e deixaram para trás longas extensões de deserto, suportando imensas provações para hoje pisar descalços o chão de mármore e ver se abrirem os catorze portões prateados e os dois portões dourados. Ali eles se ajoelham aos soluços, agarrando-se, com gritos roucos de esgotamento e prazer histérico, às grades de ferro por trás das quais jaz, no escuro, o imã, entre tapetes desgastados, turbantes, oferendas e escritos sagrados. Mas, do lado de fora, ao redor da imensa mesquita, em barracas tão miúdas que se assemelham a jaulas, estão artesãos, forjadores de cobre e prata, seleiros e costureiros. Sob as curvas abobadadas cheias de tapetes empoeirados, comerciantes negociam, e o poço desce cinquenta degraus do bazar até a escuridão da cisterna; carregadores esfarrapados se arrastam sob o peso de seus odres. Esquecemos a cidade. Um vento forte sopra pelas ruas que conduzem ao Oriente e que rapidamente se tornam trilhas de deserto... Os campos amarelo-palha, aqui e acolá, desaparecem numa aridez desoladora; ainda se veem os aquíferos, extensas linhas pela planície, as aberturas sedentas das crateras dos canais subterrâneos. Deles vive um povoado, um pedaço de verde ao redor de assentamentos semelhantes a enxames, de cúpulas de argila redondas estalando sob o calor. No pátio interno de um caravançará fortificado, as águas dos aquíferos enchem uma cisterna, e, num espaço abobadado ali ao lado, homens nos oferecem chá e melões.

Sim, mesmo aqui vivem homens — e a Pérsia nos oferece uma última surpresa, como um presente de despedida dos anfitriões, que deveríamos receber alegremente: fizemos uma parada por volta das duas da tarde e nos vimos no povoado de Torbat, cercadas por sombras — no meio de duas estradas que se cruzam perpendicularmente, há uma praça circular, obrigatória em todas as cidades do novo Irã, com um posto policial, alguns canteiros ressequidos, um pouco de areia e cascalho. Nos arredores, apenas muros de argila desmoronados, cavernas, alojamentos humanos — mas, em algum lugar além do campo amarelo de ruínas, brilham pedras turquesas —, e uma trilha sinuosa nos leva ao portão de uma mesquita, cujas ruínas ainda evocam todo o esplendor e a beleza do tempo do xá Abas. Vê-se primeiro um jardim, como antepátio; a ramagem de um frondoso pinheiro faz sombra, a grama se espalha — e nos parece suave e cheia como um tapete. Um triângulo formado por uma corrente na porta mais baixa, um cego, um guarda, algumas crianças — e então, entre arbustos, o cemitério com seu barro amarelo e alabastros brancos, e o portão alto que se eleva impressionante contra o céu, o mirabe finamente adornado de azul e turquesa. Ao lado, através de um muro parcialmente oculto, vê-se o domo cintilante, coberto de verde, de um sepulcro.

Somos informadas que, nesse lugar, o xá Abas teria destruído o antigo mausoléu de um cã, que ele tomava por um sunita, um apóstata da verdadeira fé xiita. Mas ele se enganara. Arrependido, ele prometeu, no fim de uma batalha, construir um novo santuário.

Nosso desejo era o de, mais uma vez, nos deitarmos à sombra ao modo persa, olhando o céu, comendo melões. Mas um policial não saiu de nosso lado, pois é proibido fotografar. Ele nos guiou até o pátio quente de uma "garagem" e ficamos felizes por tomar um pouco de chá e tirar dali algum alento. Ainda faltam quase cem quilômetros até a fronteira — e o horizonte se torna mais amplo e vazio, o vento, mais forte e quente, os montes à beira da planície rareiam, cruzamos leitos de rios secos. Quando chegará a noite, um pouco de frescor? Finalmente vemos uma colina, coroada pelo quadrado feito de argila de uma fortaleza, diante dela um soldado em uniforme azul-claro. E logo adiante, numa depressão, o povoado de Pussusabad ou Kariz — a fronteira.

São sete horas da tarde. Somos guiadas até um grande pátio, trazem-nos chá, pepinos, uvas, melões, prometem-nos que vão despertar o "chefe". No lago turvo que sugere um "jardim", pegamos água para o refrigerador do nosso carro, já em ebulição; as formalidades duram muito tempo, a lua já se mostra no céu cinza. Somos alertadas do perigo em seguir viagem a essas horas, na Terra de Ninguém... mas queremos alcançar o outro lado, Islam Qala, o primeiro posto do *Afeganistão*. Depois de encontrar e ultrapassar tantas fronteiras — desta vez é a *nossa* fronteira, pela qual esperamos e ansiamos por tanto tempo. E ali, para lá da faixa de deserto, agora oculta pela escuridão da noite, se encontra o Afeganistão.

O que há de tão importante e especial ali? Aqui se dividem dois continentes? O amarelo do barro, o vento cálido, o aspecto das já distantes colinas mudará, as planícies se tornarão menos infinitas, o horizonte, mais consolador?

A marcação da fronteira muda frequentemente aqui. A primeira grande cidade do Afeganistão, ainda a 150 quilômetros de nós, é Herat, a capital dos Timúridas, que preserva majestosos minaretes. Monumentos tão impressionantes quanto os de Samarcanda. Herat, costuma-se dizer, separava o reino do grande Timur em suas partes indo-afegã e iraniana. De Balkh, que os antigos gregos chamavam de Báctria, partem estradas até o Oxus; para além dele, até o Turquestão; aquém de Balkh, até Kandahar, Cabul e Índia — ah, a magia dos nomes! Ainda não vemos adiante as luzes solitárias de Islam Qala, mal tocamos as trilhas que atravessam o deserto junto aos postes de telégrafo, e os cardos estalam sob nossas rodas. Nenhum tipo de rastro: há dias, talvez semanas, não cruzamos com nenhum carro e nos lembramos de que o trânsito na fronteira, normalmente escasso, está suspenso em virtude do cólera. É apenas graças a alguns acasos do destino que estamos a meio caminho entre dois países, daí os chamarmos de felizes acasos. Pássaros brancos nos acompanham, abutres, voando silenciosamente a alturas aventuradas, e a lua é da mesma cor. Será que, enfim, o tempo ficou mais fresco? O vento vem do Amu Dária, da Rússia — e redemoinhos sopram ao sul, na direção do grande deserto, que chega até Zaedã, Sistão, Baluchistão, até o golfo Pérsico, deserto em cujas margens nos movemos. Desligamos a luz do marcador de quilômetros.

Homens limpando os pés diante do santuário Imam Reza em Mexede, Irã, julho de 1939 (Annemarie Schwarzenbach).

De repente vejo, já palpáveis diante de mim, três figuras brancas. Turbantes brancos, dentes brancos, calças brancas e bufantes, infladas — e cujos fuzis desembainhados e gritos rudes me forçam a parar. Rostos escuros aparecem na janela do carro, os três rapazes falam conosco, rápida e impetuosamente, todos ao mesmo tempo, e nós rimos: "Vocês precisam falar conosco em francês ou alemão". Um deles, um jovem ágil gigante, joga sua escopeta atrás de nossos assentos e sobe rapidamente no carro. Ele nos guia até Islam Qala.

Um pouco mais tarde, deitamo-nos em nossos sacos de dormir no chão de um quarto em um posto de fronteira. Nenhuma árvore, eu penso, nenhum jardim, mas certamente uma cisterna; haveria, do lado de fora, no deserto de cardos, hordas de camelos e tendas pretas? E, além disso: a Rota da Seda nos conduziu até aqui — será esse o caminho de Marco Polo e dos soldados de Alexandre?

Diante de nossa janela, sobre um tapete, está deitado um afegão todo de branco. Ele estende a mão e murmura, semidesperto: "Você tem um cigarro?".

National-Zeitung, 21 de agosto de 1939

As mulheres de Cabul

Herat, 1º de agosto de 1939

É comum datar cartas, e mais de uma vez tivemos de fazer contas e comparar nossos diários: hoje é, sem dúvida, dia 1º de agosto. Mas quando esta carta irá encontrar nossas casas? As fogueiras festivas já estarão esquecidas[9]; será que essa data, envelhecida, terá algum efeito cômico num mundo acostumado à velocidade do rádio? Jornalistas, pessoas que acreditam dever anunciar algo no jornal, precisam agir às pressas, ter sempre e em toda a parte os meios e os caminhos... ou, ao menos, é assim que se costuma pensar. De resto, não estamos assim tão distantes do Amu Dária, da fronteira russo-turquestã, e dali adiante há uma via — mas de que servem aqui indicações de quilômetros e tabelas de distância! Em Mexede, um jovem iraniano, ao me ouvir dizer que seguiríamos para o Afeganistão em nosso Ford, disse: "Um camelo é mais lento do que um cavalo, mas ele chega com mais segurança a seu destino". Dois dias depois, estávamos atoladas na areia, numa faixa da terra de ninguém próxima a um posto de fronteira iraniano-afegão no qual não se via nenhum indício de trajeto para carros. Tratava-se, mais precisa-

---

9 Na Suíça, terra natal da autora, é costume se acenderem fogueiras festivas [*Freudenfeuer*] no feriado nacional de Bundesfeiertag, em 1º de agosto. A data comemora a assinatura, em 1291, do pacto federativo entre os primeiros cantões da Suíça, que marca a fundação da Confederação Helvética. [N.T.]

mente, de uma faixa de apenas vinte metros de areia, mas cada metro nos custava muito suor e algo em torno de meia hora — ainda que não tivéssemos cavalos, adoraríamos ter tido à disposição uma parelha de bois...

Não causa espanto, portanto, que, tendo chegado hoje a Herat, tivéssemos todas as razões para acender uma fogueira de agosto, salvo o fato de estar quente demais. Dos montes amarelos no norte da cidade sopra incessantemente um vento implacável; fechamos todas as janelas para manter minimamente fresco o espaço interno de nossa pequena casa, que não goza de nenhuma sombra. O vento dura um mês inteiro, dizem os heratianos, e então começa um agradável outono. Por isso, é melhor dormir depois do meio-dia e esperar pela tarde.

Por volta das cinco da manhã, eu me levantei para levar o Ford ao mecânico; os comerciantes abriam suas barracas, enchiam cestas com uvas, empilhavam pirâmides de melões amarelos e verde-claros, despejavam leite em peles de ovelha esticadas e espalhavam determinado pó e um pouco de leite do dia anterior para fazer fermentar seu leite e produzir leite coalhado. Cavaleiros trotavam na direção da cidade, turbantes brancos se inflavam contra o vento, mulas berravam, e seu mestre, em uma *kula* feita de belíssima pele cinza de caracul, abriu para mim, auxiliado por seus ajudantes, o portão de seu pátio, onde jazia solitária ao sol da manhã a carcaça de um Chevrolet desmantelado. Nosso carro tinha deixado muitas coisas atrás de si: tempestades de areia, desertos de cardos e leitos de rio repletos de grandes pedras de cascalho; além disso, ontem mesmo, ao passarmos por uma pequena ponte de tijolos, bem em frente à casa do *"mudir"*[10], a quem fizemos uma visita, deixei que ele caísse numa vala relativamente profunda. O mecânico examinou as molas, riu e prometeu fazer o melhor possível. Continuei observando-o por um bom tempo. Na sequência, a caminho de casa, ainda estava muito quente, então esperamos até o entardecer. Quando o carro ficar pronto, talvez ainda sigamos ao norte para pernoitar em algum lugar nas montanhas, onde há sombra, boa água e tendas negras dos nômades.

Os fins de tarde aqui em Herat ainda não estão exatamente frescos; são tingidos por uma cor dourada, e a lua paira pálida por sobre os antigos e carcomidos muros da cidade, feitos de argila amarelada, para, em seguida, planar até os morros azuis, até as fantásticas extensões dentadas do Indocuche. As vielas dos bazares se abarrotam de turbantes brancos e *kulas* muito dignas, e as ruas que levam para fora da cidade trepidam suavemente sob o rápido trote de belos e enérgicos cavalos diante de *gadis* de duas rodas — eles avançam em direção à alameda dos pinheiros e ao oásis na desértica terra das montanhas. Ali se aglomeram os camelos de grandes caravanas, e os sinos soam...

Um jovem polonês nos visita — o único europeu em Herat, um engenheiro contratado pelo Estado para construir estradas, pontes e casas. "Você tem jornais?", ele pergunta imediatamente, "sabe o que está acontecendo no mundo?". Céus, não! Sabemos tão pouco quanto ele — acabamos de conseguir calcular a data, para escrever uma carta. O que tem sido feito na política? Mas foi justamente da política que fugimos! "Chegaram bastante longe", murmura o jovem polonês, "bastante longe!" — e me

---

10 Também *"müdür"*, em turco, era a designação da representação local do Império Otomano. Causa estranheza, uma vez que, em sua maior extensão, o Império Otomano jamais expandiu suas fronteiras para além do meridiano do mar Cáspio. Daí, talvez, as aspas da autora. [N.T.]

presenteia com uma caixa de autênticos cigarros ingleses. Bem, agora eu precisaria explicar melhor o que esse presente significa aqui, no fim do mundo. Mas começa a entardecer, o vento fica menos forte, e a luz, menos branca: queremos sair para a rua, alugar um *gadi*, se possível atrelado a um Schimmel húngaro ou a um cavalo Pinto. Cartas levam tempo, tempo não custa nada nestas paragens — retornamos, então, aos melões e aos pêssegos afegãos.

1º de agosto de 1939

Meninos diante do minarete de Maussalah em Herat, Afeganistão, julho de 1939 (Annemarie Schwarzenbach).

A face do grande Buda[11]

Tem 53 metros de altura, o colosso em pedra esculpido na parede do penhasco. Alguns poucos passos de seus pés gigantes destruiriam os campos, as dobras gregas de suas vestes poderiam desencadear ventos tumultuosos, sua mão poderia pesar sobre todo o vale. Em tempos passados, o vale viveu e floresceu sob seu olhar eterno, que mirava a felicidade interior; não menos de dez mil monges budistas habitavam aquelas grutas – mestres, sábios e devotos da Índia, discípulos, adeptos e irmãos leigos do vizinho Turquestão – e até mesmo os agricultores do vale e os nômades que, a cada verão, retornavam às suas pastagens elevadas estavam sob a proteção de uma bênção divina e de uma paz paradisíaca. Esse vale de Bamiyan, situado a 2.500 metros acima do nível do mar, entre as diáfanas cadeias do Indocuche, era conhecido como um lugar fértil e feliz, e já havia servido a propósitos terrenos e divinos, os quais, na verdade, constituíam um único e proveitoso serviço. Mãos diligentes e orações piedosas, zelo sagrado e prática alegre – à noite, a fumaça subia, reta e azul, dos casebres baixos em direção ao céu, acompanhada

---

[11] Os Budas de Bamiyan foram definitivamente destruídos pelo Talibã em 2001. [N.E.]

pelo som dos rebanhos que voltavam para casa e pelos cânticos dos monges.

Tanto o grande Buda quanto o pequeno Buda de Bamiyan são obras humanas – há, com efeito, dois deles, o menor medindo 35 metros, o maior, 53. As artes grega e sassânida[12] se uniram à devoção indiana para realizar o milagre de pintar os gigantescos nichos com preciosos afrescos, extrair dos rochedos as dobras das vestes e os gestos abençoados, enraizar os pés no leito do vale e prender as grandes cabeças, testas, queixos e orelhas com estacas de madeira, enquanto a face divina e silenciosa emerge livremente a alturas oníricas, tornando-se difícil de reconhecer, mas fácil de adorar. Eis a maneira como a parede do penhasco sobre o vale de Bamiyan se mostrava aos peregrinos e viajantes que, seguindo uma famosa rota em direção ao norte, vinham da longínqua Índia em direção à Báctria e à Ásia Central: uma parede rochosa com mil cavernas, espaços sagrados de devoção habitados por homens piedosos e imperiosamente dominados pela imagem do Abençoado. Mas chegamos tarde demais. Há mais de mil anos, os árabes se puseram a matar, exterminar, devastar com tochas incendiárias e flechas, a reduzir tudo a cinzas; eles conseguiram acabar com a existência de Bamiyan, e não foi o bastante! Destruíram as pequenas estátuas em seus nichos adornados com guirlandas, bustos helenísticos de meninos com cabelos cuidadosamente cacheados, efebos em graciosa postura de luto – também as imagens daqueles jovens monges que ainda possuíam os traços encantadores e os lábios cheios dos rapazes gregos, mas já portavam o sinal circu-

---

12 O Império Sassânida (224-651) foi o último império persa pré-islâmico, tendo abrangido os territórios dos atuais Irã, Iraque, Afeganistão, leste da Síria, Cáucaso, partes da Turquia e do Paquistão, região do golfo Pérsico e outras áreas litorâneas da Península Arábica. [N.E.]

lar da urna[13] entre as sobrancelhas –, bem como as imagens dos cavaleiros sassânidas, as dos gordos monges leigos, os bustos de bárbaros com narizes largos e bigodes, e uma infinidade de carrancas e demônios ao lado do reino da beatitude extraterrena. Finalmente, eles atingiram a grande face do Buda com um martelo; agora ela se encontra vazia como a face da lua e terrivelmente cega.

Em frente à parede rochosa, eles construíram uma fortaleza árabe e uma grande cidade: Shahr-e Gholghola. Mas agora só restam ruínas; Genghis Khan, o mongol, mandou destruí-las para vingar a morte de seu neto preferido, Mütügen. Daquele momento em diante, Bamiyan deveria ter outro nome: "O lugar maldito" – e ser amaldiçoado.

E o que conseguiu o furioso Genghis Khan com os cascos de seus cavalos e suas maldições!

Depois de muitos séculos, a história de Bamiyan quase foi esquecida; a morte passou pelos campos, mares de chamas assolaram suas muralhas; dos reis, princesas e matadores de dragões restaram apenas lendas. Em uma cabana às margens da aldeia vive um poeta cego que conhece milhares de versos bonitos, de poetas persas e de sua própria autoria, palavras sonoras e suaves sobre a morte e o amor. Ele é velho, mal se lembra dos dias em que era um menino, pastoreava as ovelhas de seu pai e via o sol nascer todas as manhãs. Agora, enquanto nos sentamos em sua companhia à beira do rio, e a luz da noite de verão desliza sobre as colinas multicoloridas, ele não vê nada. O ancião fala e canta como se sussurrasse carícias e escuta como se recebesse respostas. Recita hora após hora, e há muito já escureceu; agora

---

13 A "urna" é o ponto circular ou espiralado, usado nas imagens do Buda para simbolizar o terceiro olho e indicar, de modo mais geral, uma visão sobre-humana própria aos iluminados. [N.T.]

ele fala com as estrelas. Este vale cintila na noite! É possível ver as cadeias de montanhas ao longe; apenas as colinas ainda se encontram à sombra, enquanto os cumes emergem prateados como terraços dentados, emanando o brilho avermelhado das mais belas tiaras; lá está a neve eterna. O rio se move no fundo do vale, também ele prateado; uma manada de ovelhas descansa à beira do rio. Tendas negras se cercam da luz tremeluzente do fogo; os nômades dormem, homens e mulheres fortes, despreocupados, como se cada hora encerrasse em si passado e futuro, como se fossem um só. Sonho e realidade! Permanecemos em silêncio no limiar que os separa; as palavras desconhecidas do poeta ressoam incompreensíveis, trazendo alegria e dor; ouvimos, ouvimos – e então o ancião pousa sua mão sobre a nossa, como se precisasse se certificar da vida que ali tomava parte, invisível a ele.

"Lugar maldito"..., as lendas do grande Genghis Khan. Mas também lugar sagrado – vizinho dos campos celestiais. Não há mais cidade, nem portão fortificado, nem monges orando. Um Buda sem olhos, a face destruída voltada para a lua. Chegamos tarde demais, este vale não deveria ter nome nem memória. Acaso queremos ver ruínas, vestígios, lembranças, restos de obras de arte – e nos comover com os escassos vestígios de pinturas azuis, douradas, avermelhadas e brancas? A parede rochosa dos grandes Budas!

Mas a noite, e também esta noite, passará e logo chegará ao fim, e um novo dia surgirá imaculado, poderoso, transportado em asas.

Homens em frente a um Buda de Bamiyan, Afeganistão, agosto de 1939 (dupla exposição) (Annemarie Schwarzenbach).

Vejam a luz nas colinas, como se fosse ouro fluindo! Enquanto isso, os rebanhos em movimento, e as mulheres nômades saindo das tendas com panelas de cobre na cabeça, e os campos se embalando ao vento fresco da manhã. Vejam a alegria simples do vale e não olhem para trás, para aquela parede rochosa que permanece à sombra. Aqui a maldição perdeu seu poder, o imperador perdeu seu direito, a face feita por mãos humanas ficou cega – aqui reina a paz de Deus.

Quando o sol alcança o fundo do vale, já nos pusemos a caminho, sem nem mesmo nos despedir. Queremos louvar o dia...

Thurgauer Zeitung, 18 de maio de 1940

Três vezes no Indocuche

Jornalistas em viagem costumam dizer uns aos outros: "Fique seis semanas em um país e você facilmente escreverá um livro a respeito dele. Fique seis meses e, com muito custo, conseguirá escrever um par de artigos. Se ficar seis anos, aí você se cala totalmente...". Mas, para que a regra valha, são necessárias as exceções, e quando alcancei o Indocuche pela primeira vez e cruzei seu grandioso marco, vinda do norte, das cintilantes planícies do Turquestão, tive a tentação de compor um hino e nada mais. Um hino a seu nome, pois nomes, mais que designações geográficas, são som e cor, sonho e lembrança, segredo e magia — não são desilusão, mas um evento maravilhoso quando, um dia, o encontramos, carregado de brilho e sombra, com o fogo e as cinzas frias da realidade. Pamir, Indocuche, Caracórum — se passa comigo agora o que se passava antes, na escola, quando, teimosamente, eu me recusava a crer que os nomes que aprendia e lia nos mapas pudessem assumir formas, ao menos antes que eu as visse com meus próprios olhos, que meu próprio hálito as alcançasse, que, de certo modo, eu as agarrasse com minhas próprias mãos. A simultaneidade do próximo e do distante me confunde; sinto como se o passado, o presente e as horas futuras devessem estar em unidade em algum lugar para que eu pudesse lhes conferir pleno sentido de vida; mas que a vida atue, ao mesmo tempo, aqui e acolá, deste lado e do outro do mar e das montanhas, isso sempre me pareceu algo digno de serena meditação. Essas dúvidas — que queriam ser sanadas — talvez tenham motivado minhas primeiras viagens: não foi para conhecer o medo que me desloquei, mas para conferir o sentido dos nomes e provar sua magia em meu próprio corpo, da mesma forma como provamos a força maravilhosa do sol através de uma janela aberta, a mesma que, há muito tempo, vemos refletir em montes distantes e prados banhados de orvalho fresco.

Assim, desta vez foi, sem sombra de dúvida, o Indocuche o que um dia eu precisava alcançar, pois, tendo vindo da Pérsia, eu me encontrava nas províncias do norte do Afeganistão e queria seguir em direção ao sul, para chegar a Cabul, a capital — e, entre o norte e o sul desse país selvagem, o Indocuche se levanta como uma poderosa fortaleza. Vi seu nome indicado no mapa inglês e segui o único caminho possível[14]: de Herat para Qal'eh-ye Now, daí para Bala Morgab, em seguida para Meymaneh e Andkhoy; e então emergem as ruínas de Balkh e as margens do deserto, e uma pista de areia termina em Mazar-e Sharif, a capital do Turquestão afegão. Agora não estamos mais tão distantes, e eu deveria ter feito preparativos mais cautelosos.

---

14 O trecho descrito pela autora é a seção nordeste do antiquíssimo anel viário que liga as principais cidades do país a Cabul, conformando um grande círculo no território afegão. Há relatos gregos desse sistema de vias ao menos desde o século IV a.C. Suas sucessivas reformas e reconstruções foram empreendidas por conquistadores e invasores do território desde o Império Máuria (322-185 a.C.), passando pelo Império Suri (século XVI), pelo Império Britânico (século XIX), pela União Soviética (século XX), até a recente invasão norte-americana (2001). Nas últimas décadas, os Estados Unidos investiram ao menos 200 milhões de dólares na reconstrução do trecho Cabul-Kandahar. Hoje o trecho voltou a ser intransitável, sobretudo em razão de ataques dos Talibãs para a reconquista do território afegão. [N.T.]

Homens diante de uma mesquita em Mazar-e Sharif, Afeganistão, 1939 (Annemarie Schwarzenbach).

Mas estamos já há muito tempo em trânsito, e as pessoas sempre tratam de responder às minhas perguntas dizendo: *"Nastik ast, bissjar nastik..."* — está perto, muito perto! A cavalo, ou a pé, ou a trote de mula, ou a passos pesados dos camelos nas caravanas? Alguns dias de viagem ou algumas horas? Talvez a pista termine em areia como os riozinhos que morrem em vão no Amu Dária, talvez o deserto se estenda ao sul do mesmo modo como se estende ao norte, talvez o calor de agosto dure os mesmos 120 dias do famoso vento do norte de Herat, e talvez esta viagem à margem das imensas depressões do Turquestão nunca chegue ao fim.

Lembro que, certa noite, mesmo com dois pneus furados fui deitar-me entre os quietos, cintilantes e fantasmagóricos muros do jardim de um povoado que parecia perdido em meio a ruínas e estranhos rochedos cor de barro, que se assemelhavam ao labirinto de uma entrada do inferno dantesco. O lugar se chamava Tashqurghan, e, algumas horas mais tarde, um chefe de polícia alarmado ordenou que meu carro fosse escoltado até o portão de um palácio de conto de fadas que, situado ao fim de um jardim suave e quase infinito, resplandecia todo branco à luz do luar. Detrás do alto muro do jardim, avistei uma cadeia de montanhas de um azul semelhante ao céu noturno, que parecia não pertencer a este mundo. Ali, pensei, não poderia haver penhascos nem relva ou desfiladeiros, tampouco vales, árvores, prados, fogueiras, geleiras ou tempestades. Tudo era bem proporcionado, de matéria aveludada, envolvido por uma névoa suave, embebido e iluminado pela luz do luar até o alto, nos irreais cumes dentados; se alguém quisesse tocá-los, eles certamente se esfumariam e se misturariam às nuvens leitosas. Com a alma encantada, absorvi essa bela visão; não estava curiosa, mas o chefe de polícia de Tashqurghan me fez saber: aquilo ao sul eram as primeiras cadeias do Indocuche...

Isso foi há quatro meses ou um pouco mais. O que resta dizer? O hino! O hino sobre o fim de uma noite de luar e sobre a estrada que serpenteia por entre muros de argila desmoronados, deixando para trás jardins que agonizam sob o calor pálido, e que, em um longo crepúsculo sem luz, avançava por um vale feito de encostas lisas e expostas, para encontrar Aybak no despontar de uma repentina e majestosa aurora — Aybak, entre prados novos e montes suaves, campos amarelos de trigo ceifado, ridículos amontoados de árvores e uma velha ponte sobre o rio que murmura com frescura. E ali, ao lado da ponte, reúnem-se homens de barba branca diante de uma *chaikhana*, pés cruzados sobre uma esteira de palha, avizinhada por sapatos coloridos de couro de cobra, o samovar esfumaçando; e havia chá verde, pão uzbeque e melões perfumados; o ar estava fresco, e das montanhas vinha um ventinho brincalhão. Mais adiante, pelo que lembro, há um estreito e, em seguida, a depressão úmida e quente de Pol-e Khomri, cheia de nuvens de mosquitos, patos selvagens e búfalos-d'água. Pol-e Khomri, onde o mundo de repente se transforma detrás da protuberância da colina tomada por ruínas budistas; em meio à selva assolada pela malária, emerge uma barragem, fornos de tijolo, uma fábrica parcialmente construída, casas brancas cobertas por telhas de zinco e muito mais: casas de chá, barracas de bazares, colônias de tendas, inscrições em persa, russo, alemão, refugiados russos, engenheiros alemães. E uzbeques, turcomenos, hazaras, tadjiques, afegãos, nômades condenados ao trabalho fabril, camponeses forçados à servidão — uma estranhíssima mistura de raças e línguas, o novo proletariado de um Estado impelido à civilização. E isso tudo em meio ao Indocuche! Na entrada da província de Badakhshan, famosa por seus belos cavalos de focinhos brancos desde os tempos dos imperadores da dinastia Tang e de Gengis Khan!

Detrás de Pol-e Khomri, as colinas se tornam mais íngremes, os rochedos se aproximam, desfiladeiros se tocam, as sombras se expandem. Avistam-se terríveis cumes em suas alturas improváveis, um céu azul límpido como uma bandeira, e assim é possível ficar preso por horas no sombrio estreito onde as caravanas trafegam como sombras à margem de precipícios e carregadores de mulas de olhos puxados acendem imensas fogueiras sob as rochas, preparando-se para uma longa noite. Amanheceu e voltou a entardecer, chá em Dushi, trutas e vento frio em Bulula, tendas negras de nômades, as últimas yurts turcomenas, os primeiros homens de tribos afegãs, de cabelos longos, olhos em brasa, adornados de brincos e falantes de pachto. E, finalmente, a passagem de Xibar, tão íngreme, lisa e impressionante que, por vezes, dizem que essa é a estrada mais alta em todo o mundo. Seja como for, ela segue para cima, para cima até a vertente sul do Indocuche e, em seguida, para baixo até o vale de rara beleza. Sim, aqui se chega a uma terra mais amena, e há povoados, rebanhos, feno fragrante, os ventos fortes ficam para trás, o ar do deserto é barrado...

Isso foi há quatro meses, eu dizia, ou um pouco antes. Eu acreditava então que aquele seria meu único e derradeiro encontro com o grande Indocuche, de forma que a cada passo eu deixava para trás, para sempre, um lugarejo, um tufo de grama, um suspiro cheio de vento, uma experiência. O que quer que enumerasse — povoados, desfiladeiros, tribos —, eu logo esquecia, apagava e deslizava pelo sonho do Indocuche, do mesmo modo que por um crepúsculo, pela neblina matinal e pelas altas horas da tarde embriagada pelo sol cintilante. E tudo isso ficava para trás, eu já me havia despedido dali quando entrei na planície de Cabul; perdi as contas das semanas, já era outono.

Então, certa manhã, eu me encontrava outra vez a caminho do Turquestão. Ainda nas últimas horas da noite, vi romper e emergir, junto com a alvorada, a montanha distante, azul, gelada, coroada de neve, linda de se ver. "Pela segunda vez, o Indocuche", eu sabia — mas agora contava e fixava todos os nomes; descobri mais vales, mais cumes, e ele me pareceu mais alto e alegre quando, por volta do meio-dia, reencontrei um jardim no qual já havia repousado. Na praça de Ghorband, toda rodeada por pequenas casas de chá, um jovem comerciante, que já me havia vendido uvas e melões, agora contava diante de um afegão cento e vinte nozes com os dedos. Embora minha memória fosse despertada e docemente reanimada por belas imagens já sonhadas e por melodias familiares, esse grande panorama me pareceu diferente, pois eu rumava ao norte, de encontro às tempestades, na direção das profundas planícies do Turquestão, envoltas por furtivas nuvens de areia e já devastadas pelo frio cruel. A fronteira com a Rússia[15]. A viagem foi pesada, e meu coração dessa vez não exultava à medida que eu me aproximava do meu destino. E os jardins de Tashqurghan, agora eu sabia, eram um último oásis oculto, rasgado no impiedoso deserto e ao pé da montanha...

---

15 Atualmente, fazem fronteira com o Afeganistão, ao norte, o Turcomenistão, o Uzbequistão e o Tajiquistão. Esses territórios haviam sido anexados ao Império Russo desde o século XIX; depois da Revolução Russa e de um longo período de guerra civil, em que os povos autóctones buscaram em vão sua independência, teve lugar, em 1924, o processo conhecido como a Delimitação Nacional na Ásia Central. Assim, a República Autônoma Socialista Soviética Turquestã (antigo Turquestão Russo, ou Turquestão Ocidental) foi repartida em duas: a República Socialista Soviética Turcomena e a República Socialista Soviética Uzbeque (RSSU). Nesse mesmo ano, foi criada uma república autônoma no interior da RSSU para a etnia tadjique; em 1929, ela foi separada, tornando-se a República Socialista Soviética Tadjique. Dado esse ordenamento geopolítico, que durou até 1991, é natural que toda a fronteira norte do Afeganistão fosse tratada, como faz a autora, como "a fronteira com a Rússia". [N.T.]

*Indocuche em Tashqurghan, Afeganistão, 1939
(Annemarie Schwarzenbach).*

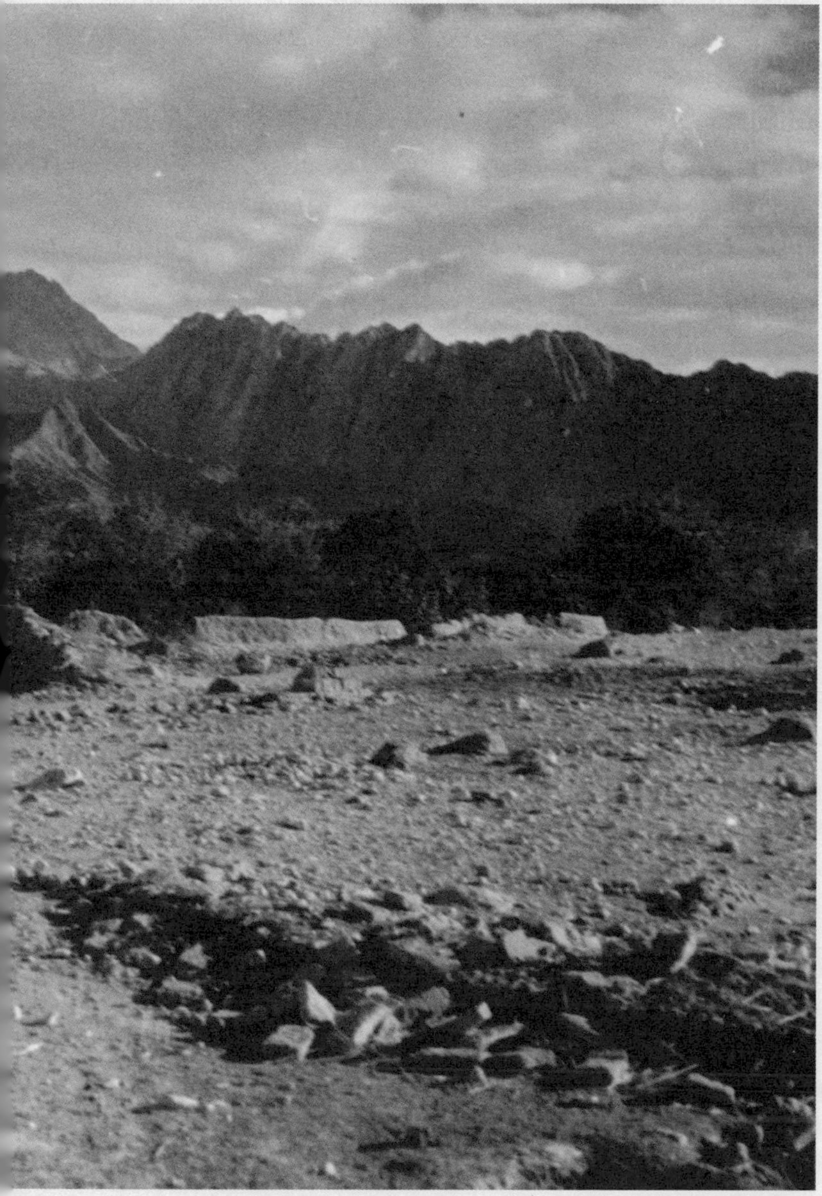

Esse deserto é terrível, uma terra moribunda. À medida que eu seguia rumo ao norte, rumo ao invisível rio Oxus e à proibida fronteira russa — os rastros da morte não cessavam: esqueletos, cacos de cerâmica e os montes de ruínas corroídas pelos ventos, na verdade cidades, fortalezas, cemitérios enterrados. Falta de água, ataques de hordas nômades... perto do entardecer, na escuridão que sempre parece impregnada pelo brilho leitoso de estrelas distantes, eu sempre me voltava para o sul, buscando consolo, e encontrava as familiares cadeias de montanhas azuis. Sua realidade me fora provada, seu nome mágico permanecia vivo como uma batida forte do coração. E acima, nos altíssimos mas ainda visíveis desfiladeiros, grandes fogueiras ardiam toda noite. Quem se aquecia nelas?

Alguém poderia pensar que a viagem de volta sobre o Indocuche, pelo mesmo caminho, se tornaria um empreendimento corriqueiro, talvez até mesmo tedioso. Tashqurghan e Aybak, Doab e Dushi..., mas as noites eram mais longas e frias, às quatro horas as estrelas estavam imóveis, como que congeladas em um glorioso brilho azul, às seis começava um triste crepúsculo que, na passagem de Doab, parecia se unir ao dia sombrio, como se o sol não fosse voltar a brilhar; em compensação, o cintilante esplendor das superfícies nevadas na passagem de Xibar era quase fatal para os olhos e corações dos mortais. E acima, no penhasco ao sul, centenas se ajoelhavam, com seus turbantes e camisas infladas, sobre os bancos de cascalho de um rio, pois era o final do mês de jejum do Ramadã, dia de grande festa.

*Ruína em uma colina de Kholm, Afeganistão,
1939 (Annemarie Schwarzenbach).*

*Homem e crianças em Tashqurghan, Afeganistão, outubro/
novembro de 1939 (Annemarie Schwarzenbach).*

Eu sentia falta, naquele quadro grandioso e inconstante do Indocuche, do verde fresco, do vento suave, do canto tocante da primavera. Mas não somos nós quem definimos nossos sonhos, e, quando eu adentrava a planície, não ousava olhar ao redor em busca dos cumes nevados que se ocultavam: não me compete escolher o encontro e a despedida e traçar a fronteira entre realidade e devaneio.

Permanecem comigo a magia, o nome, o coração maravilhosamente tocado.

National-Zeitung, 1º de dezembro de 1939

No jardim das belas moças de Qaysar

Até agora, Ella e eu só pudemos ter conversas teóricas a respeito das mulheres do Afeganistão. Estamos há muitas semanas neste país estritamente muçulmano e tivemos contato amistoso com camponeses, funcionários públicos, soldados, comerciantes de bazares e governadores de província. Em toda parte, fomos bem acolhidas e começamos a nos afeiçoar a esse povo viril, alegre e inocente. Na suntuosa cidade antiga de Herat, assistimos a uma disputa de esgrima e à reza coletiva dos rapazes que se reuniam no fim da tarde em um gramado diante do portão. Sempre que fazíamos paradas em nossas caminhadas por longos trechos ensolarados, camponeses simples se aproximavam e compartilhavam melões conosco. Nunca tivemos de armar nossa tenda ou de cozinhar nós mesmas nosso jantar. Éramos recebidas nos povoados pelos prefeitos, com chá e uvas. Nos finais de tarde, éramos levadas a belos jardins, criados atenciosos nos traziam pilaf, a iguaria de arroz da região, e, enquanto comíamos, o anfitrião chegava com seu séquito para nos fazer uma visita e, muitas vezes, conversava longa e minuciosamente conosco.

Mas parecíamos estar em um país sem mulheres! Conhecíamos bem o xador, a veste plissada das muçulmanas que as oculta completamente, que tem pouco a ver com a representação romântica dos finos véus das princesas orientais. Ele envolve firmemente a cabeça, fica sobre o rosto como uma pequena grade vazada, e então cai em muitas dobras até o chão, mal deixando à mostra a ponta bordada e o salto das pantufas[16]. Vimos essas figuras mumificadas e sem forma se esgueirarem timidamente entre as vielas dos bazares, e sabíamos que essas eram as mulheres dos orgulhosos afegãos, com seus passos livres e decididos, que amavam ter companhia e conversas animadas e passavam metade do dia ociosos em casas de chá e bazares. Mas essas aparições fantasmagóricas tinham em si muito pouco de humano. Seriam moças, mulheres, anciãs, seriam jovens ou velhas, felizes ou tristes, bonitas ou feias? Como viviam, de que se ocupavam, quem despertava sua compaixão, seu amor, seu ódio? Na Turquia e no Irã, havíamos visto alunas, escoteiras, universitárias e também mulheres independentes, que ganhavam a própria vida, ou algumas ainda que realizavam algo no âmbito social e já ajudavam a determinar a face de sua nação, de modo que elas não eram mais dispensáveis na vida do país. Sabíamos que o jovem rei Amanullah, ao retornar de uma viagem à Europa, havia introduzido reformas abruptas no Afeganistão e tentado seguir o exemplo da Turquia. Ele agiu de modo precipitado. O máximo que conseguiu foi a acusação de ser partidário da emancipação das mulheres. Por algumas semanas, caiu o uso do xador na capital, Cabul; então eclodiu uma revolução, as mulheres retornaram aos haréns, à sua vida doméstica estritamente encerrada, e só podiam sair às ruas cobertas de véus.

16 A peça de *hijab* ("cobertura", em árabe) ou *purdah* ("cortina", em pachto), que oculta completamente o rosto com uma tela trançada, designa mais propriamente o que hoje se chama de burca. De fato, contemporaneamente, o vestuário é típico dos pachtos do Afeganistão e do Paquistão. O xador, tal como o conhecemos hoje, é uma capa que cobre todo o corpo, mas deixa a face à mostra, sendo mais frequente no Irã (sobretudo depois da revolução de 1979), no Líbano, no Iraque e na Arábia Saudita. A "pequena grade" [*Gitterchen*] poderia também ser traduzida, como é costume, por "rede", uma vez que é feita de tecido (ou pelo de cavalo). Mantivemos, contudo, o peso da palavra alemã usada até hoje para descrever essa parte da burca. [N.T.]

*Mulheres e crianças sentadas em uma aldeia de Kholm,
Afeganistão, 1939 (Annemarie Schwarzenbach).*

Será que esses rudimentos de libertação foram esquecidos, e as poucas semanas de 1929 desapareceram da memória das mulheres? Quando éramos hóspedes de um jovem, decidido e sagaz governador em algum lugar do norte, Ella ousou perguntar. Nosso anfitrião se havia mostrado consciente acerca das necessidades do Estado afegão, falando a respeito de como a construção de estradas iria abrir o país para o comércio, de como então indústrias seriam ali instaladas, e escolas e hospitais, construídos. Seria possível excluir as mulheres de um tal programa de progresso? Elas não deveriam participar da nova vida e ser libertadas das limitações embrutecedoras que pesavam sobre suas existências? O governador nos respondeu com evasivas. Quando perguntamos cortesmente se poderíamos conhecer sua mulher, ele consentiu, mas, em seguida, inventou uma desculpa.

Uma vez em Qaysar, um pequeno oásis na província do Turquestão, ao norte, ficamos surpresas quando o prefeito da cidade, o *hakim* Saib, sem muita cerimônia nos conduziu através de um pequeno portão ao jardim interno de sua casa, o jardim de sua mulher e filhas. Duas jovens moças em roupas de verão, os cabelos escuros envolvidos por um véu leve e delicado, vieram rindo ao nosso encontro. Ambas eram notavelmente belas — assim como a mãe, majestosa, séria, amistosa, que nos cumprimentou sob as grandes árvores, onde havia tapetes estendidos. Ali as crianças brincavam, irmãos mais novos e o filhinho loiro da nora, Sara. Seu segundo filho dormia em uma rede à sombra. Um pouco apartado, sob o toldo da casa simples de barro, havia um samovar; trouxeram-nos primeiro uma jarra d'água e toalhas de mão, a seguir, chá e frutas. Depois de uma hora, serviram-nos pilaf. A mãe comeu conosco à maneira europeia, à mesa. As filhas nos serviram e comeram com as crianças sobre o tapete, todas na mesma imensa tigela — e com os dedos. Por fim, as criadas comeram os restos abundantes. A família do *hakim* tinha os belos e fortes traços afegãos, ao passo que as criadas eram claramente mongóis, talvez turcomenas ou uzbeques.

Depois de comermos, foram-nos trazidos colchões de seda e telas mosquiteiras, mas não havíamos ido até lá para repousar. Embora as moças não soubessem nenhuma palavra de francês, e nós só conhecêssemos alguns rudimentos do persa, conversamos muito animadamente. Elas nos trouxeram um tecido de seda azul-claro e um par de tesouras e queriam que lhes costurássemos um vestido. Nós, porém, não nos atrevemos a tanto e prometemos lhes mandar de Cabul alguns modelos de corte e suplementos de moda de revistas francesas. Para as mulheres de Qaysar, Cabul já era o grande mundo, a civilização. E, no entanto, elas foram ensinadas — em casa, naturalmente — a ler e escrever, e sabiam onde ficavam a Índia, Moscou, Paris — e tinham uma noção até mesmo do que era a Suíça. Mas jamais haviam feito uma viagem. Era-lhes inconcebível ir além de Mazar-e Sharif, a capital do Turquestão afegão. Teriam elas o desejo de conhecer o mundo, de levar outra vida? Ou permaneceriam sempre à sombra de um jardim cercado por altos muros de argila em Qaysar, sob a vigilância severa e patriarcal de sua mãe e senhora?

Perto do entardecer, quando começou a esfriar, o *hakim* nos mandou chamar. O loirinho Jakub deveria nos acompanhar até o carro; enquanto isso, as moças permaneceram na porta do jardim.

Eram, sem dúvida, moças inteligentes, talentosas e graciosas. Nós nos lembrávamos de suas risadas, de seus rostos despertos e simpáticos. Apenas a jovem nora mostrava, às vezes, um olhar amargo e quase malvado, toda vez que tomava seu bebê da rede e lhe dava o peito. Aqui, em meio à família de seu marido, ela estava entre estranhos, não em seu próprio lar, e não gozava de nenhuma liberdade ou direitos.

Quando as moças deixavam o jardim, vestiam o xador — e somente viam o mundo lá fora por meio das grades vazadas, que escondiam seus rostos dos olhos curiosos dos homens.

Não podíamos sequer imaginar o que seria viver tal vida. Mas seriam essas mulheres especialmente infelizes? Só se pode desejar o que se conhece. E seria correto, necessário, educá-las e esclarecê-las, aguilhoando-as com a ferroada da insatisfação? Mas aprendemos rapidamente que essa questão nem sequer se põe. O Afeganistão se desenvolve hoje segundo aquelas leis fatais que chamamos de progresso, cujo curso não se pode parar. Quando mandamos de Cabul a Qaysar os prometidos modelos de corte, acabamos dando uma pequena contribuição às consequências dessas leis. Lutamos contra o xador!

National-Zeitung, 13/14 de abril de 1940,
sob o título "As mulheres do Afeganistão"

Mulheres com palaw (farinha de arroz) em um jardim de Qaysar, Afeganistão, agosto de 1939 (Annemarie Schwarzenbach).

As mulheres de Cabul

No hospital masculino de Cabul, no quarto miserável da enfermeira-chefe suíça, mal aquecido por um antigo forno elétrico, pude conhecer essa mulher. Ela havia chegado em uma *gadi*, uma pequena carruagem de duas rodas puxada por vivazes cavalos trotadores, que, não se sabe como, passa pelas mais estreitas vielas dos bazares da capital do Afeganistão. Ela trajava o xador, o pesado véu cinza que envolve a cabeça como uma touca para então cair em amplas dobras sobre os ombros e até o chão — a peça de roupa que esconde as afegãs. Mas ela não era afegã; havia crescido no litoral da Normandia, uma criança alegre de tranças loiras, próxima a seus irmãos, com um cachorro de estimação, cavalos fortes e pesadas vacas malhadas, com fontes murmurantes, o penhasco, a praia, os ventos secos de seu lar francês. Ela me estendeu a mão um tanto timidamente. Talvez eu não demonstrasse suficiente desenvoltura; foi com um sentimento paralisante de susto, quase de repugnância, que havia visto aquela figura triste, fantasmática, entrar — eu conhecia aquele tipo de olhar havia muito tempo. Pois, é claro, todas as mulheres afegãs são parecidas — nos bazares, nas ruas empoeiradas das cidades e nos povoados, nos jardins murados das casas privadas. Sabia apenas que as judias trajavam xador negro, enquanto as afegãs, cinza ou azul-claro. Podia ainda haver outras diferenças: para as camponesas, pontas trançadas sob a borda do véu, para as mulheres pobres, sapatos com saltos tortos, para as damas ricas, sandálias bordadas de veludo. Mas queríamos ver um rosto — olhos vivos, uma bela boca, um sorriso — e encontrávamos sempre a mesma pequena grade a esgueirar-se rapidamente, e então sabíamos: aquelas criaturas amedrontadas e desemparadas mal podem enxergar através das gradezinhas para desviar do trote cambaleante dos camelos, dos cavalos barulhentos das *gadis*, dos homens fortes e alegres em seu passo confiante — *elas vivem em permanente estado de medo*.

A mulher, quando se convenceu de que eu não era um rapaz, despiu desajeitadamente seu xador. Debaixo dele, era uma europeia, contudo não muito elegante, vestia-se de forma um tanto desleixada. Nós três bebemos nosso chá bem lentamente. Eu tinha centenas de perguntas: Por que a senhora se casou com um afegão? É certo que ele é de origem nobre, parente de um ministro da corte real, estudou em Paris e agora acabava de assumir um alto cargo na administração dos correios. Ele também é gentil, talvez a senhora o tenha amado em algum momento, ou ainda guarde afeição por ele, ou por seu filho, aquele menino de pele escura, indisciplinado, impertinente, que não se parece nem um pouco com a senhora — a senhora saberia responder? O que a senhora imaginava quando ouvia o belo nome "Afeganistão", uma completa estrangeira como era, mal entrada nos vinte anos, lançada a esse destino desconhecido, e talvez justamente por isso tão atraente, para se despedir sem preocupação de tudo o que lhe era familiar? Eu também gostaria de ouvir a respeito do que se passa em um lar afegão, onde mãe e noras,

*Ella Maillart rodeada por homens diante do santuário
Hazrat Alla Berdi, Sufi ul-Islam, em Karukh, Afeganistão,
3 de agosto de 1939 (Annemarie Schwarzenbach).*

cunhadas, irmãs e parentes pobres vivem juntas, nutrindo-se do ócio, bordando um pouco e bebendo muito chá, comendo doces, conversando e — isso eu já havia percebido — sem serem capazes de cuidar de seus filhos[17]. As mulheres se veem desamparadas diante da desoladora desordem de uma casa assim, da rebeldia das criadas preguiçosas, da arrogância dos moleques que logo aprendem a desprezar as mulheres, da sujeira, do desleixo, do tédio; elas não sabem que podem viver de outro modo. Mas acaso seria concebível que uma moça criada na Europa tolerasse isso tudo — que, na verdade, colaborasse, aceitasse e afundasse na agonia desse tempo que se arrasta e que, a cada momento, é irremediavelmente perdido? Que ela partilhe dessa existência dia após dia, que tivesse junto a si línguas venenosas como a das cunhadas e vizinhas, que participasse da tirania das avós, das infinitas fofocas, e se esquecesse de que, do lado de fora, a apenas alguns passos além dos muros de seu pátio, um céu luminoso se estende sobre jardins, e telhados, e vielas, e prados, e sobre uma terra que sempre miraculosamente se renova, oferecendo consolo e vida? Ela havia se esquecido de tudo isso?

Nossa anfitriã, a enfermeira-chefe vinda da Suíça, esforçou-se para manter uma conversação. Falava sobre seu trabalho: como a única europeia e única mulher, tinha de supervisionar cinquenta enfermeiros e cento e vinte doentes,

---

17 Em outro artigo sobre este mesmo encontro, Schwarzenbach nota que a mulher mora com sua sogra, cunhadas, crianças, empregados, todo o clã, que veste o filho à europeia e lhe ensina a comer pilaf com talheres, mas a avó tira-lhe os talheres alegando que Deus lhe havia dado dedos para que fossem usados, e questiona quanto esses pequenos conflitos devem ser difíceis para uma mulher com outra criação. [N.E.]

*Mulher com filhos em um pátio em Shewaki,
Afeganistão, 1939 (Annemarie Schwarzenbach).*

precisava lutar com o Ministério da Saúde para conseguir um único termômetro ou mesmo álcool, pois álcool é proibido neste país rigorosamente muçulmano. Todos os dias, tinha de controlar diretamente a comida, que era preparada em uma barraca de barro do lado de fora do hospital, e interferir sempre que um clã de parentes, em lamentos e preces, se juntava ao redor da cama de um paciente febril; precisava convencer os enfermeiros de que as camas devem ser arrumadas todos os dias, e que os seriamente doentes devem ser despidos e banhados; ela assistia cada operação e aplicava cada uma das injeções. Em casa, no lago de Bienna, ela tinha dois meninos, criados pelos avós; era para cuidar do futuro deles que ela juntava dinheiro aqui em Cabul. Enquanto a enfermeira contava, despretensiosamente, como se fosse algo óbvio, que se vivia uma vida decente e, uma vez aceitos para si certos deveres, levava-se a cabo uma existência dura, eu observava essa hóspede que se calava. Ela comia bolo sem parar, mergulhando os pedaços em sua xícara de chá; era quase como se seu rosto, levemente inchado, estranhamente inexpressivo, se escondesse por trás do véu. "Como estão seus meninos?", perguntou-lhe a enfermeira. Então ela começou a chorar, repentina e silenciosamente. Logo em seguida, seu marido chegou para buscá-la. Ela vestiu o xador às pressas e partiu.

Não perguntei à enfermeira se as mulheres afegãs podiam se divorciar. Era muito evidente que a pobre mulher não teria mais coragem de despir o xador de uma vez por todas. A letargia de seu rosto plano e consideravelmente belo já era oriental, envelhecido ou sem idade; mesmo quando chorou, o que mostrou não foi uma tristeza legítima, arrependimento, ou uma obstinação impassível, mas apenas desconsolo.

Mais tarde, tive a chance de conhecer afegãs — com e sem o xador. Em sua maioria, eram tão parecidas que, em minhas lembranças, não consigo distingui-las umas das outras. Mas também encontrei crianças, pois naquele mesmo outono (o do ano passado), o governo de Cabul havia aberto a primeira escola para meninas e contratado uma porção de mulheres diligentes — as esposas dos professores das escolas francesas — como professoras. Para entender como se passam as coisas com um determinado povo, é preciso voltar a atenção aos jovens: nada ainda está deturpado neles, seu modo de falar ainda não foi engessado pelas convenções, ou embotado pelos costumes, ou determinado por condições exteriores de sobrevivência ou pela dependência; nessa idade, ainda se expressam com um desprendimento bonito, mostrando suas capacidades e sua alegria de viver. As pequenas alunas de Cabul eram criaturas muito talentosas, vivazes e esforçadas, maiores que os meninos, belas e com olhos cheios de brilho, a ponto de ser difícil imaginar que essas pequenas figuras e rostinhos ternos e atenciosos serão, um dia, confinados à triste prisão do xador, à sombra dos muros de um harém.

Podemos hoje nos ter tornado céticos quanto a palavras de ordem como liberdade, responsabilidade, direitos iguais para todos e coisas do gênero. Mas basta ter visto de perto a servidão — aquela que transforma as criaturas de Deus em seres infelizes, amedrontados —, e então afastamos o desânimo como se fosse um sonho ruim e voltamos a deixar que a razão fale, essa que nos permite acreditar na meta simples que é a dignidade da existência humana, e trabalhar a favor dela.

National-Zeitung, 27/28 de abril de 1940,
sob o título "As mulheres do Afeganistão"

A margem do Oxus

O vilarejo vizinho

No pátio, diante das três cúpulas de tijolo cru que servem de moradia à nossa expedição, soldados afegãos montaram sua barraca. Uma barraca gasta, deplorável, de um amarelo-empoeirado como o dos uniformes e do deserto em volta; ela trepida a cada vento, e uma pancada de chuva noturna a torna pesada e a faz desmoronar como se fosse feita de couro de boi. Os soldados — são três — usam perneiras de couro em vez de meias, e seus típicos sapatos baixos de ponta; não dão um passo sem levar consigo rifle e cartucheira cruzados sobre os ombros magros, e quando o sol queima, retiram seus capacetes e enrolam um turbante sujo na cabeça. Eles se mantêm a uma distância segura do nosso cão pastor, que fica amarrado com uma corrente a um dos carros de seis rodas de nossa expedição, enquanto são servidos e alimentados pelas pessoas do vilarejo. Pagamos o que elas nos trazem: pão uzbeque e uvas, leite, ovos e galinhas magras, e lenha também, é claro. Os soldados, por sua vez, passam muito bem suas tardes com seus potes de arroz fumegante, bebem chá à vontade o dia todo e não pagam nada por isso. Chamam-no de "requisição" e devem pensar: "entre irmãos", ou: "hoje eu, amanhã você", pois eles próprios são pobres-diabos, mongóis que não tinham muito o que comer em seus vilarejos em Hazarajat e que prestam o serviço militar talvez por necessidade, em vez de se dedicar a um serviço remunerado. Isso não os torna menos severos com seus irmãos pobres, os tadjiques do nosso vilarejo no Turquestão. Aliás, não é possível que a terra — essa faixa de deserto erma e castigada pelo vento no extremo norte, junto à fronteira com a Rússia — e o serviço sejam aprazíveis aos soldados hazara. Eles nos vigiam desconfiados — o que nós, estrangeiros, procuramos aqui? Sobre estradas de deserto e montes de cacos de cerâmica e santuários pagãos? Apenas para tornar suas vidas mais difíceis e seus dias mais amargos, pois precisam nos acompanhar aonde formos e engolir poeira e se sentar ao vento implacável, ou sob a chuva, ou sob o abrasante sol do meio-dia que surge de repente, e precisam, como nós, suportar a visão ofuscante de um horizonte plano e sem margens, incessantemente inundado por ondas de ar cintilante... Mas estaria eu enganada? Será, talvez, que esses rapazes que tremem de frio não têm, em relação a nós, nenhuma má disposição ou rancor, mas apenas curiosidade? Será, talvez, que eles, na verdade, não sentem saudade de seus lares nos vales, que toda essa situação lhes cai bem, e cada pote de arroz lhes apetece quando não precisam pagar por ele; pode ser que o imenso horizonte não lhes faça mal, que eles nem sequer o vejam, ao menos não como nós o vemos — e talvez nós lhes sejamos simplesmente indiferentes?

 Seja como for, não temos nada a repreender uns aos outros, nenhum de nós pode invejar o outro por ter passado horas agradáveis; todos engolimos a mesma poeira, recebemos o mesmo vento na testa — nós, os três uniformizados, e os tadjiques em suas lavouras estéreis, em suas cabanas sem janelas, em suas vielas mortas. Percorro uma e outra vez essas vielas, corredores estreitos entre muros de argila amarelos, altos, carcomidos;

quero encontrar o ar livre, dar um suspiro profundo, e olho em volta para saber se, como de hábito, um dos soldados me segue. Mas ninguém me segue, não há ninguém na rua; então me vejo assaltada pelos latidos raivosos dos cães pastores, que vêm de todos os lados, e de cima dos tetos, bestas amarelas com orelhas cortadas, pelos desgrenhados, dentes amplos, expostos — prontos para se lançar contra mim naquele beco. Permaneço imóvel, abro meu sobretudo, eles vacilam diante do gesto ameaçador, e eu corro para longe. Uma pequena praça, uma árvore, o canal, e crianças brincando com ossinhos de ovelha. Nenhuma resposta a meu cumprimento, e outra vez muros, estreiteza asfixiante, silêncio mortal. Logo o vilarejo acaba, o mundo se abre, céu e terra são um! Não que aqui fora o céu seja mais sereno, e a terra, fértil e agradável. Não que haja pastos abundantes, de um verde-delicado, um regato murmurante, um bosque de bétulas, sol e ventos abençoados — não que o coração se torne mais leve. Nosso vilarejo é cercado pelo deserto, é o último lugar habitado por seres humanos, ainda que provisoriamente, sobre um amplo campo de ruínas. E o deserto avança, vindo do norte, e o que vejo, na direção a que me dirijo, é uma terra moribunda. Sim, nosso vilarejo já foi praticamente devorado pela inevitável destruição, como que por uma doença contagiosa — daí o cheiro de poeira em suas ruas, daí os muros corroídos, as cúpulas vazias, daí o fogo escasso ao anoitecer e o brilho espectral da lua... e as expressões fúnebres no rosto de seus moradores, os tadjiques pálidos, suas saudações apáticas, seu caminhar tímido e apressado — de que esperança deveriam se nutrir, eles e seus filhos? Em breve o vilarejo será abandonado, talvez em vinte anos, talvez em cem anos. Uma ruína a mais, um punhado de terra no lugar dos domos das pequenas casas, um vestígio lunar, o canal seco, e tudo entregue ao vento, aplainado pelo vento e incessantemente coberto de novo por poeira, como se fosse encoberto por um jardineiro diligente, que cuida de seu jardim e o rega dia e noite... Caminho e encontro ar livre, o horizonte é amplo, e o sol da tarde faz seu jogo reluzente, mas continuo dentro das ruínas, sobre o solo pisado da cidade soterrada; a elevação em que subo foi certa vez uma digna cidadela. Valas fundas se espalham pelo vazio em todas as direções; elas foram, no passado, os canais que garantiam vidas. Montes tumulares se espalham como pequenas ondas de uma enchente — antes haviam sido casas, celeiros, estábulos; formam grandes quadrados, os muros ainda visíveis —, antes haviam sido caravançarás, avolumados pelo som ameaçador dos sinos dos camelos e pelas cargas de mercadorias da Antioquia, de Tabriz, de Trebizonda, da Índia, da China! A Rota da Seda, ah, pensamento errático! Olho ao meu redor, e nada restou; os sinos estão enterrados, as cisternas desmoronaram, os altares arrefeceram. Nesta terra impiedosa, somos tentados a acreditar que o globo terrestre está próximo da extinção e gira em direção ao seu fim, já não é mais uma região acolhedora para que os homens cumpram aí o prazo que lhes coube viver.

Preciso encetar este caminho sob meus pés, digo a mim mesma, e me pôr em guarda contra essas aterradoras visões. A luta contra as nuvens, contra o vento asfixiante, contra o frio e o cansaço, contra o medo ímpio, a luta contra o anjo e pelo pão de cada dia, tudo isso é uma coisa só, nos põe na mesma direção. Que me importam essas ruínas, as cores do tijolo cru, o deserto? Tanto quanto lamentar a maldição do tempo e lhe dar as costas, tanto quanto querer se defender da lenta perda do próprio fôlego...

Aqui talvez eu tenha finalmente encontrado a saída desta cidade morta — aqui não há mais cacos, não há mais tijolos — e talvez eu possa me estirar no que, um dia, foram os jardins que acompanhavam um canal. Mas não acredito no que meus olhos veem: água corre no canal, ele está vivo! Escoa por um campo plano, outonal, os cereais ainda não podem ser colhidos, entre as porções ressequidas de terra se veem caules, e um pouco mais adiante, nas margens da lavoura, há montes de palha amarela ceifada. Mais atrás, levanta-se um longo muro de argila, e acima dele emergem delicadas copas de árvores, adornadas de folhagem colorida — talvez salgueiros e plátanos, talvez nogueiras? Um pequeno bosque, um jardim? Caminho junto ao muro, grama delgada sob os pés, e ouço o latido de cães e o relinchar de cavalos: um vilarejo deve estar muito próximo, temos um vilarejo vizinho e não o sabíamos, conhecíamos apenas os montes de cacos e a proximidade do deserto, o germe da morte, a amplidão infértil, o terrível e incessante vento.

Tudo isso passou, está esquecido — e não me surpreendo ao ver surgir um cavaleiro cujos cabelos negros sob o turbante branco esvoaçam ao vento, nem me assusto quando, logo em seguida, um par de cães pastores amarelos avançam em minha direção. Em seguida, eles se detêm, uma voz feminina os chama de volta. É a primeira vez em muito tempo que ouço a voz de uma mulher, imperiosa e contente, seguida de risadas, e *"biah, biah"* — "venha aqui, mais perto". Ela sobe no alto do muro, jovem, toda banhada pela luz; usa brincos reluzentes e um casaco amplo, mas sem véu, e acena para mim, rindo. Abaixo dela, detrás do muro, apertando-se contra os joelhos, outras mulheres, jovens e velhas, e uma porção de crianças, menininhos com toucas bordadas, mocinhas de tranças bem apertadas; todos vibram de alegria e gritam *"biah"*, como se quisessem fazer uma festa e rir de mim. Permaneço lá, quase constrangida, e olho para os cachorros a alguns poucos metros; embora abaixados, ainda estão bravos e exibem seus dentes. Mas logo o cavaleiro vem em meu auxílio, desce do seu cavalo, que passa a trotar sozinho e decidido pelo pátio, e os cachorros se afastam, ressentidos. O jovem, que veste um sobretudo florido, me convida a segui-lo — a moça continua sobre o muro, o rosto atraente e cintilante inclinado em minha direção —, e, antes que eu perceba, já sou uma hóspede do vilarejo.

As mulheres permanecem um pouco afastadas. O jovem me conduz através de dois pátios até um pequeno terraço de terra pisada onde, sobre um denso tapete de feltro, está sentado o *hakim* Saib, prefeito e dignatário, belo e viril, grave e amigável. Eu devo tirar as galochas que uso sobre as botas e me sentar ao seu lado; as crianças se agacham em um semicírculo, e as mulheres, espantadas, fixam os olhos em mim e sussurram entre si.

"Onde mora, quem é você?"

Começamos a conversar, o *hakim* e eu, e, no meio-tempo, sou servida: uma cumbuca de guloseimas de açúcar e claras em neve — o jovem parte o pão-folha, mergulha alguns pedaços na massa branca, passa-os para mim e distribui o que sobrou para as crianças —, em seguida chá-verde não adoçado; o *hakim* enxágua ele próprio três vezes a taça. "O pão de vocês é muito bom", eu digo, e eles assentem: "Temos pão, temos cereais e campos, temos ovelhas, cavalos e asnos. Também temos uvas e melões. Temos um bom vilarejo, temos água". Então, em resposta à minha pergunta, eles dizem: "Não somos tadjiques, somos afegãos, e viemos das montanhas".

Eles vieram das montanhas. Seus irmãos são nômades, sua terra natal são os vales do Indocuche, ou os pastos verdes mais ao sul, não sei ao certo. Mas eles construíram suas cabanas sob os ventos do deserto, onde a terra é estéril, a água, rara, e a vida, dura. E conservaram seu bom pão e seus orgulhosos cavalos, além dos olhos de suas mulheres descobertos, sem véu.

Talvez sejam tão ou ainda mais pobres que os tadjiques, pois, olhando com mais atenção, há neste vilarejo menos água, menos árvores, menos campos; mal se pode chamar este lugar de um oásis, e a violência do deserto é a mesma. Mas que hospitalidade, que canto de amor à existência!

Entardece, o vento me parece mais suave, e tomo o caminho de casa. E o relinchar dos cavalos do vilarejo vizinho me acompanha...

National-Zeitung, 18 de janeiro de 1940

A margem do Oxus

Às minhas costas, ao sul, as montanhas azuis do Indocuche se erguiam de modo tão irreal que somente a claridade transbordante das noites de luar lhes pode fazer justiça. Sua base está oculta, um talude o sustenta, como se ele não tivesse o peso das coisas terrenas. Às vezes, parece também que ele se ergue a partir de jardins, não se sabe bem como, de becos entre muros de argila amarelos, de pequenos prados em que mal cabem um par de amoreiras, das pequenas lavouras de cereais e minúsculos campos de algodão, do leito estreito e sinuoso de um rio, que, no entanto, deve nascer lá em cima, talvez num canto ermo de cascalho cinza, talvez num belo vale. Sim, há jardins aqui que garantem algum consolo, e atrás dos muros corroídos vivem camponeses tadjiques, uzbeques e turcomenos — irmãos pobres, humanos como eu e você. E quando vemos, durante o dia, um turbante branco ou azul-claro nos campos e um véu vermelho numa mulher ao meio-dia, homens reunidos para a oração diante da pequena mesquita ao entardecer, na entrada dos bazares, a primeira brasa de um samovar, então acreditamos que o curso de um dia regular está preservado, acreditamos nas leis criadas para atender às nossas necessidades, leis em concordância com uma vida regular, orientadas à nossa proteção, e nos sentimos quase protegidos.

Eu costumava ir ao bazar local todo dia no fim da manhã. Logo todos me conheciam, os pobres irmãos, que passavam frio em suas camisas de algodão e casacos listrados, os ferreiros e os seleiros, os oleiros, os cardadores de lã, os vendedores de uvas, e os anciãos que retiravam moedas de uma lata amassada para me mostrar: uma helenística, uma outra com um rei cuchana em posição de adoração diante de um altar de fogo e um *penny* no qual figurava a rainha Vitória. Em uma barraca, eram vendidos cigarros e torrões de açúcar russos, e, em várias outras, tecidos japoneses e lenços de cabeça russos que, nestas bandas, eram usados como cintos. Eu passava pelas barracas de carnes e de uvas até chegar às dos padeiros, nas quais se juntavam pilhas bambas de pães uzbeques redondos e cheirosos; também pelos sacos de arroz e pimenta, numa praça onde se aglomeravam camelos, cangalheiros gritavam, um soldado maltrapilho mantinha a ordem e o sol brilhava sobre justos e injustos — enquanto todos eles pechinchavam. Voltei à sombra, para o bazar de ar abafado, inundado por aromas inebriantes e pela fumaça de um pequeno forno de carvão. Ali encontrei o sapateiro que confeccionou para mim botas turcomenas de cano alto, feitas de couro macio e quente, e o alfaiate que, em uma máquina Singer, costurava peças de veludo violeta. Em seguida, vinha a viela dos ourives de prata; a seguir, esfriou subitamente, e, após ter passado pelo pequeno monte verde e empoeirado dos vendedores de chá e ervas, voltei ao ar livre, em uma ponte de barro, e o sol brincava com as águas gorgolejantes do rio.

À medida que segui adiante, encontrei cavaleiros e belos cavalos, pois aquele lugar pertencia à província afegã do Turquestão, e lá os cavalos são mais bem tratados que os humanos.

À tarde o sol era forte, e, ao anoitecer, o céu esbranquiçava e o Indocuche brilhava com uma luz fria, como um astro. No curso das horas, havia essa variedade de mudanças, e assim corriam os dias. À noite, havia fogo e eu dormia no quarto abobadado de um antigo palácio. Quase me deixei enganar e consolar ao avistar um pouco de verde, e o brilho vermelho de um samovar no crepúsculo, à beira da estrada solitária; quase me senti protegida no oásis que, no entanto, trazia o cheiro do vento do deserto em seus becos e nos permitia ouvir, nas noites de inverno, os lobos e os chacais. Mas, enquanto dessa maneira eu mantinha ou erigia a aparência de uma vida regrada, praticava minhas atividades, sentia fome e comia, sentia cansaço e dormia, e via os outros irmãos viverem em suas cabanas, barracas de bazares, locais de oração, ou simplesmente percorria a pista rumo ao norte, rumo à estepe ou ao deserto, para ali respirar, mover os membros, me aquecer, sentir que vivia, dar consolo às minhas horas; enquanto eu trocava palavras em persa com os tadjiques e, na verdade, me via sem palavras como alguém que perde a voz quando sob o vento forte — enquanto eu ainda buscava manter meu orgulho, ser humana entre humanos, eu já não me enganava mais: nenhuma notícia chegava até mim, eu me encontrava muito distante. A alta barreira do Indocuche me separava do rio Cabul, da passagem de Khyber e da fronteira com a Índia; a larga faixa de deserto ao norte me separava das cidades da Rússia, de Samarcanda, de Tashkent, de Bucara e das margens do Amu Dária. E essas fronteiras e barreiras, esses rios e desertos eram, para mim e para os meus, insuperáveis! "Em algumas horas, o Exército russo pode estar aqui", dizia-me um funcionário público afegão, que havia ouvido a respeito da guerra na Europa e, de maneira compreensível, estava preocupado: por que os russos não iriam anexar o Turquestão afegão a seus países asiáticos e colher um pouco mais de algodão? Quem, entre o Amu Dária e o Indocuche, os iria impedir?

Assim politizávamos um pouco o ambiente, e, nessa mesma tarde, vi cruzar o céu um avião russo vindo de Tashkent e ainda ouvia o suave zunir de seu motor quando ele já desaparecia por sobre o Indocuche como um pássaro prateado nas nuvens. Esse foi, por muito tempo, o único sinal que tive daquele mundo; pensar nele me enchia de inquietação e de uma sensação terrível de desamparo... eu tomava muito cuidado, pois, do contrário, o que seria feito de mim: uma prisioneira ou uma pessoa livre?

Não, eu não me deixava mais enganar pela visão ilusória de um pouco de verde, que agora já assumia tons outonais, secos, assolados pelo vento, nem me deixava seduzir pela visão das oscilações reluzentes no céu sereno, que, eu sabia, poderia se tornar imóvel e inerte de uma hora para a outra — como um sino de bronze que já não é capaz de soar. Eu não me deixei mais iludir, pois lá fora, muito perto, separado de mim pela duração de um breve suspiro, estava o deserto.

Encontrá-lo era inevitável. O soar das horas já não me interessava, ali não ecoava nenhum riso, distâncias não se deixavam mais medir. De repente, uma montanha de ruínas emergiu como uma ilha no plano desolado; pensei que estava duas horas distante, que era de tamanho considerável — mas, depois de poucos minutos, meus pés pisavam um punhado de cacos esparsos, e a colina, encolhida, não passava de um mero amontoado criado pelo vento. Sim, e certa vez julguei ver diante de mim, a alguma distância, um avião encalhado, um brilho metálico na areia parda, e fui, cuidadosa e hesitante, àquele inesperado encontro. Mas caminhei longamente, e se tratava apenas da cobertura azul de cerâmica dos tempos islâmicos. Ah, os caminhos do deserto, erráticos, incessantes, em meio a dunas, a arbustos de tamargueiras; e as ruínas de antigas cidades, fortalezas, cisternas aplainadas pelo vento! Pois um dia eu havia abandonado a exígua proteção dos jardins e rumei ao norte, sobre a dura pista de asnos e camelos. O que eu buscava ali no norte, o que eles buscavam? Mas ainda existe um vilarejo em meio a torres corroídas e caravançarás desmoronados de uma cidade antes próspera, que foi abandonada por seus moradores por falta de água. Restou um último canal, sujo, minguado, profundamente sulcado na terra dura — o vilarejo vive dele. Tadjiques de barbas pretas, suas mulheres em saias vermelhas, suas crianças. Habitam cúpulas muradas redondas de barro que já partiram e ruíram; possuem um asno, um cavalo, ovelhas também, e no fim da tarde vejo um camelo vindo do deserto e dobrando a viela, que parece estreita demais para seu passo balouçante. Os campos ao redor do vilarejo foram tomados pelo deserto; é preciso inundá-los para conseguir arar sua superfície árdua. E quão pouco brota aqui! Pão escasso, alguns melões, um punhado de palha. Não há nenhuma barraca de bazar no vilarejo, nem padeiros, nem cantores, tampouco há, ao entardecer, o samovar incandescente. Viver na vizinhança do deserto é, para os tadjiques, como encarar a morte e nossa insignificância — sem desejo ou ambição, assolado pela aridez e o ardor do verão, pelos ventos férreos, saturados de poeira da estepe, que pertencem a um longo inverno, e terrivelmente indefesos. Ainda me lembro dos primeiros meses desde que cheguei a esta terra — a antiga Báctria, Tocaristão, Turquestão — e das noites sem vida de agosto, quando parecia que eu morreria por asfixia. Como pude respirar, mais tarde, quando alcancei as alturas do Indocuche e deixei para trás, de uma vez por todas, a agonia da planície! Agora retornei, e a terra é pálida, sob o pavor do inverno. Nossos vizinhos do vilarejo nos trazem ovos e galinhas, pão uzbeque que eles próprios assam, carne de ovelha, tomates e lenha. Não é difícil construir uma lareira sob a cúpula de barro e esticar uma tela na porta de entrada. Quando isso não é suficiente para conter a poeira, os açoites da chuva e a violência do vento — ainda assim é possível sobreviver. Afinal, eles não vivem, nossos vizinhos e pobres irmãos? Sempre desperto no momento em que a lua empalidece e o crepúsculo de um novo dia se estende como uma enchente implacável...

Eu me levanto e sigo para o norte. Sempre para o norte, uma estranha obstinação me move; poderia igualmente andar em círculos, ou para o leste, para o oeste, como acontece precisamente agora. Um soldado me segue a alguma distância, para proteger e vigiar. Talvez ele se pergunte se, um dia, por engano, eu não acabarei chegando à fronteira com a Rússia. Pois este deserto não tem mais do que trinta quilômetros de largura, e em dias claros penso reconhecer lá em cima uma faixa de névoa, um rastro de fumaça, nuvens de umidade, sutis como a névoa, sobre o rio. E, à direita, os traços muito leves de um monte — talvez árvores, galhos balançando ao vento, talvez trechos negros de terra cultivada, rebanhos pastando, granjas opulentas, talvez prados frescos sendo ceifados... Mas tudo isso são erros. Sei que nunca alcançarei a margem do Amu Dária, o grande Oxus. E, de resto, para além daquelas margens, não é uma terra abençoada o que se inicia, mas ermo e amplidão aqui e lá, estepe, deserto, dureza e penúria, um sem-fim: o coração da Ásia. E as margens do Oxus são tristes, as pessoas me dizem — bancos de areia, patos selvagens, alguma selva —, não vale o esforço.

Não vale o esforço.

Certo dia, encontrei um caçador. Ele trazia como única arma uma vara com um gancho de ferro — com ela e com seus três ágeis cães galgos de orelhas longas e pelos sedosos, ele caçava coelhos, todo tipo de pássaros, às vezes gazelas. Perguntei se ele gostaria de me vender um de seus *tāžī*[18]. "Nem por cem afegãos", asseverou o homem, afastando-se. Eu o vi sumir entre as dunas e os montes de cacos, enquanto os cachorros se lançavam à sua frente como flechas. Ele devia ter um longo caminho até sua casa. Mas que importância tinham para ele a distância, o dia de hoje ou o próximo? Que importam presente e futuro para quem não teme tempestades de areia! Por acaso ele sabia o que quer dizer felicidade e tristeza, e o que nossos corações torturados chamam de esperança? A poeira agora me envolvia densamente, como névoa, o céu era plúmbeo, a linha azul-clara da margem do Oxus soçobrava. Pelo que eu esperava? Por sinais e milagres, estrelas no firmamento...?

20 de novembro de 1939

---

18 *Tāžī Spay* (em pashto) ou *Sag-e Tāzī* (em dari) é o galgo afegão, cão de caça adaptado para viver nas montanhas geladas do Indocuche. É das raças mais antigas conhecidas (uma "raça basal", portanto, anterior às técnicas modernas de cruzamento). Sua extraordinária beleza chamava atenção em feiras europeias, em especial as inglesas, desde o século XIX, mas sobretudo a partir do início do XX. [N.T.]

Os oleiros de Istalif

Não há mais a impaciência alada da primavera, aquela cantada pelos poetas, aberta ao amor, orientada a toda esperança, aparentada à felicidade. Pois essa estação ficou para trás, assim como o encanto e o alento, o riso e a caminhada — é novembro, a violência do verão asiático passou por esta terra, e o eco da guerra distante não cessa ao encontrar a fronteira montanhosa do Afeganistão. Quanto mais escassas as notícias, quanto mais raro e imprevisível se torna receber correspondência da Índia, tanto maior a inquietação — quando nos encontramos distantes da capital, ela própria pouco mais que um vilarejo isolado, talvez ainda com uma fortaleza, uma residência feudal, então nos cremos distantes do mundo, estranhas ao mundo, privadas das preocupações comuns e da possibilidade de tomar parte de modo sincero e abnegado. Nas horas ruins, durante os pesadelos, é comum se perguntar: o que faço aqui, o que vim buscar? O que todas essas coisas têm a ver comigo? — esses que cavalgam asnos, o soldado, os homens de turbante, o mulá parado ao meio-dia diante de sua mesquita chamando às orações, os crentes reunidos, os camponeses, os bebedores de chá e as caravanas que passam lentamente pelas trilhas nas montanhas traçadas há milênios, e os nômades que descem de seus altos vales, vindos de seus pastos estivais, em direção ao sul, à Índia. Seguindo leis milenares, também eles, e as leis das estações do ano, dos bons pastos, como se fosse necessariamente assim, como se o humano não tivesse liberdade de escolha e fosse apenas servo fiel ou infiel dessas leis. E elas são duras, a existência, miserável, as estações do ano, impiedosas — não é possível escapar a elas? Não há, onde quer que seja, um caminho aberto, uma passagem que leve a outras terras, sempre o mesmo céu, manhã e tarde, o mesmo ciclo, o mesmo chamado às orações, mas nunca uma resposta? E não se sabe mais contra o que se revoltar, a que deus se voltar — humilde, amargo, desorientado — em impotente aflição. Acreditamos estar sós. Os outros, no fundo do vale, não são nossos irmãos. Vejam, eles são nômades, constroem seus *yurts*, uma estrutura feita de galhos, sobre os quais põem cobertas toscas de feltro, adornadas com tiras de algodão, e seus cães são malvados. Vejam aqueles homens ali, sob o penhasco, aglomerados em volta do fogo; transportam lâminas de sal de Pamir a Cabul e Kandahar; tiraram os fardos de seus asnos e cozinham seu arroz, são pobres, passam frio. Vejam as caravanas, os camelos balouçantes e seus cavalgadores cantando, são sombras às margens do rio. E o brilho avermelhado, lá em cima, nas frestas das rochas do Indocuche: fogo de carvão, alguém me assegura. Mas homens suportam passar a noite gélida e clara ali? Não seria aquilo estrelas que lançam sua triste luz como a lua leitosa?

 As noites são longas nesta estação — desnecessário esperar o crepúsculo, ele é cinzento e opressivo, e não aplaca nossa impaciência. Mas, no dia seguinte — o sol já a pino —, meu caminho me leva a Istalif. Um belo nome, penso, e o vale, logo após o grande mercado de Charicar, é amplo e fértil, um oásis único. É uma satisfação, depois de tanta aridez no Indocuche e do imenso frio na passagem de Xibar, ver os turbantes de seda dos comerciantes indianos; depois de passar por tantos rostos mongóis, tão estranhos, fechados, com seus olhos puxados, curtidos pelo sol implacável e pelo vento forte, encontrar o olhar dócil e a pele pálida dos cidadãos e mercadores do Industão. A estrada é larga, margeada por álamos. O carro avança decidido sobre o solo macio, como se farejasse seu estábulo. As montanhas ficam para trás, afastando-se para os lados.

O vilarejo de Istalif fica à nossa direita, assentado sobre uma depressão; é quase um mar de casas com terraços o que ali se levanta, sombras sobre os telhados planos, muros iluminados, tudo em belas formas arredondadas e cercado por jardins coloridos de outono. Uma placa: "Istalif, nesta direção", e eu saio da estrada, sentindo, mais uma vez, a satisfação de seguir a via morro acima, atravessando campos cuidadosamente irrigados, nos quais camponeses, por trás de seus arados, tocam parelhas de bois pretos, e mulheres em saias vermelhas se agacham e fazem a última colheita. Em seguida, vemos muros de argila, portões, casas, a entrada coberta de galhos do bazar. Cestas cheias de uvas marrons, leite coalhado, montanhas de ervas; sapatos de ponta, cerâmicas, ovelhas inteiras, já sem pele, nas barracas de carnes — que vilarejo rico! Homens se juntam em conversas na casa de chá e me oferecem chá-verde e ovos cozidos. Depois de ter comido e pagado dois *groshes*, um rapaz me conduz pelo bazar, subindo por alguns becos íngremes, como se escalássemos em direção a um mirante. Ele usa um casaco de veludo violeta adornado por galões, uma camisa branca, um turbante branco; é falante e alegre, muito bonito. Então as vielas chegam ao fim, e atravessamos um portãozinho baixo para chegar a um bosque de árvores antigas, que faz limite com a mata virgem; logo acima estão as montanhas sem mata, uma encosta que se torna subitamente íngreme, blocos de rocha dispersos, um regato leitoso e nenhuma planta, nenhum arbusto, nenhuma sombra. Mas, sob as árvores, a luz é dourada, e o regato, manso. Um grupo de mulheres veladas conversa à beira do terraço; de lá, elas têm uma vista ampla dos jardins, videiras, telhados planos, do vale de cores outonais, podem seguir a estrada branca entre fileiras de álamos, no fundo do vale, e o rio azul que desce dos cumes do norte, sempre nevados e banhados de luz relampejante. O ar é fresco, o céu mostra cores suaves, quase transparentes, o horizonte é levemente enevoado. Tenho a impressão de nunca ter visto um dia de outono como esse! Sigo o rapaz ao longo de uma trilha que leva para fora do bosque, passando por uma ladeira ensolarada, na parte mais alta do povoado.

Ali vivem os oleiros. Ainda é cedo, talvez três horas, e eles ainda estão trabalhando. Ao ar livre, sobre os telhados de suas casas, deixam secar seus produtos: ainda não foram esmaltados nem queimados; argila úmida, de terra, à qual mãos hábeis e diligentes dão forma. Dos telhados ensolarados chego aos pátios onde giram os tornos e a argila é misturada com água; um rapaz esmaga uma massa de azul-cristalino em uma cavidade, e ela se torna o revestimento vítreo verde-azulado; a seu lado, um companheiro ainda menor se agacha junto a uma abertura fumegante — o forno. E ao meu redor e mais abaixo, sobre todos os telhados e terraços, enfileiram-se bules de chá e pratos rasos, singelas lâmpadas, potes para legumes e leite coalhado, alguns lisos, outros adornados com complexos padrões, mas todos verde-azulados, brilhantes — pois os oleiros de Istalif conhecem apenas uma cor, essa cor vítrea, não inventam nada de novo, praticam seu ofício tal como o aprenderam, esse que os pais deixam de herança para filhos e netos. Apenas como brincadeira,

*Menino em Istalif, Afeganistão, 1939
(Annemarie Schwarzenbach).*

para variarem e alegrarem os olhos, às vezes desenham em taças algumas manchas, pontos e círculos amarelos e cor de ferrugem, como se tivessem molhado ao acaso o pincel em folhas outonais liquefeitas e então derramassem sobre as taças o vidrado transparente; e põem a obra de arte entre os produtos usuais, que estão empilhados em seu pátio ao lado do forno, da lenha, das espigas de milho e de toda sorte de provisões de inverno. Não são ricos esses oleiros de Istalif — mas por que um oleiro deveria ser rico? Eles possuem aquilo de que necessitam — boa argila e água —, e os camponeses, seus vizinhos, trabalham para que eles tenham bom pão, carneiros gordos, uvas abundantes, nozes, amêndoas caramelizadas e amoras. Seus dias são alegres e cheios, na medida justa, pois quando entardece e as sombras deslizam sobre seus telhados, aí basta! Que as mãos descansem!

Então lembro que sou uma estrangeira em Istalif, aportada aqui por caminhos casuais, minha presença como espectadora em seus becos, jardins e pátios é apenas tolerada, mantida na soleira dessa sua existência ordenada por leis pacíficas. Deixo o vilarejo e parto, sem saber para onde, enfrentando uma longa tarde e a aridez daquele monte amarelo que se prolonga como um mar. Matar as horas! Domar a impaciência, represar a amplidão! E, no entanto, agora há pouco, entre os oleiros de Istalif, me senti tão em paz, e a Terra sob a luz da tarde parecia ter piedade de mim e deles.

Então um homem sai de seu jardim, me cumprimenta, com simpatia e gravidade, e me oferece um punhado de nozes que ele tira de seu largo cinturão. Abre um pequeno portão: "Venha, tenho mais. Este é meu jardim, minha cabana, o sol ainda cai sobre os galhos das antigas árvores, o fogo já está aceso. Seja minha hóspede hoje, entre...".

National-Zeitung, 26 de dezembro de 1939

A viagem a Gásni

Pessoas razoáveis e bons amigos haviam me alertado e me aconselhado: chegou a estação em que as noites são frias, os dias, incertos, a neve pode cair a qualquer momento, e a estrada até Gásni se encontra em mau estado e atravessa montanhas muito isoladas. Você tem tempo e liberdade; espere por uma ocasião mais propícia para visitar a cidade dos Gasnevidas. Há muito o que ver ali; pense apenas nos túmulos: o túmulo do antigo sultão Sabuktigin, o túmulo de Mamude de Gásni, o túmulo de um dos poetas sufi e de um santo. Lembre-se também das muralhas da cidade, com mais de uma milha de extensão e já corroída pelo tempo; não se esqueça de subir a cidadela que fica no coração da cidade, sobre uma colina arredondada; de sua majestosa altura, é possível assenhorar-se de todas as ruas e ver todos os vales, a vista vale a pena. Também o antigo bazar: nosso melhor conselho é que você reserve uma manhã inteira para visitar esse bazar clássico e romântico. Lá você verá os belos homens de cabelos longos das tribos do sul, com seus casacos bordados e coloridos que hoje estão se tornando raros, e comerciantes de todas as raças, além de rapazes encantadores, sempre dispostos a um gracejo, não se esqueça dos seleiros, dos ferreiros e dos cantores. E as horas do crepúsculo! Quando você parte, amanhã às quatro horas?

Não, respondo, absorta e incauta, talvez parta ainda hoje; ocorre que, justamente hoje — um dia lindo, não? —, há tanto a fazer: justamente hoje, fui chamada para uma caçada, os cavalos foram selados às duas horas, e cavalgaremos nas partes mais altas de Logar. Como vocês sabem, adoro cavalgar, o trote suave, adoro a caçada à beira de um riacho, subindo ladeiras pedregosas, e, por fim, o galope intenso pelos amplos planaltos verdes, a corrida com as sombras. Vocês sabem bem que não resisto a essas tentações. Um cavalo selado, sua altivez, sua confiança, a alegria de viver posta sob minhas rédeas!

Por que não? Ah, liberdade, liberdade! E já desconfio de qual seja a resposta: por que não? Um dia dedicado à caça, outro ao ócio, seis dias de trabalho, e no dia seguinte, o sétimo, você parte para sua pequena viagem a Gásni. E agora, um último conselho...

Pois essas viagens, numa terra selvagem, mesmo que o trajeto de carro de Cabul dure apenas quatro ou cinco horas, exigem preparos cuidadosos. É preciso ir até o ministério e solicitar autorização, é preciso, caso não se queira sofrer terrivelmente com o frio, telefonar para Gásni (pois o telefone funciona), para que lá se prepare a lenha, se acenda o fogo, e é aconselhável levar suprimentos e roupa de cama. Sem esquecer os materiais para as câmeras! As escovas de dente, os lenços, as meias quentes. E gasolina! O carro está em ordem, é confiável?

Não fui ao ministério. Não me preocupei com o carro, não comprei provisões, não olhei para o relógio. Não tenho nem mesmo cigarros — e meu passaporte, só Deus sabe onde estará. E parto ainda hoje para Gásni. Que teimosia irresponsável! Só consigo pensar nos meus cavalos? E chamo esse meu modo descuidado de proceder de liberdade, direito fundamental...?

Mas, na primeira hora da manhã, quando despertei sem preocupação, sem maus sonhos, lembrei: é o dia da caçada no vale de Logar, e também o da viagem a Gásni. A fanfarra da partida — faz um belo dia; o sol de inverno, pesado como chumbo, deslizando sobre os morros, em breve alcançará a cidade, despertará os peixes do rio Cabul, cobrirá de luto os terraços das casas. Devem ser sete horas — senhor, faça amanhecer! —, as videiras em nosso grande jardim estão amarelas, resfriadas, não estão mais cobertas pelo orvalho, não portam mais frutos. Uvas violetas, verde-turquesa, de um cinza-aveludado — e outras azuis como lápis-lazúli, translúcidas como vidro, leitosas e doces como o pecado original. Tarde demais, tarde demais, e eu começo o dia, este que talvez venha a ser um dia especial, como muitos outros: de coração vazio, com a sobriedade da manhã, inocente, sem qualquer intenção ou desejo. Alguém me lembra e objeta: mas você queria isto e aquilo, uma cavalgada agradável, e partir para uma viagem relativamente importante. Ainda ontem contamos sobre Gásni, você não ouviu nada, esqueceu cada detalhe, incluindo a tumba do sultão Sabuktigin? E os perigos do caminho, o frio?

E os seleiros, respondo, e o lindo rapaz. E o canto ao entardecer... não, não esqueço nada, sou uma serva fiel, verei tudo e cumprirei meu dever de preparar o relato e fazer a viagem. Mas me deixem em paz! Ainda é bastante cedo, não conheço o valor das horas, nem o modo como transcorrem, preciso aproveitar este dia — que me importam Gásni, um cavalo coberto de espuma, os gritos durante a caçada, o som dos cascos, o sol suave sobre as ladeiras de Logar? Ainda ontem — sim, ontem — eu estava ali, ao entardecer, com uma linda criança me fazendo companhia: aquilo me tirou o fôlego, vi paz e beleza ao meu redor, meu coração solitário queria se queixar, fazer um pedido, lágrimas vinham aos meus olhos. Ah, ternura, silêncio, desejo imortal!

O que passou está superado: agora, hoje, é preciso escrever, apaziguar um coração indômito. Acaso você não viu cidades cheias de maravilhas e vales repletos do mais amargo encanto? Seria você fraca, covarde, uma indigente e miserável a viver de esmolas — acaso não sabe que os humanos se assemelham ao seu Deus, e apenas a ele, e podem captar tons que vagueiam no vazio, capazes de tocar todos os corações, e podem ver cores mais belas e sutis do que todos os sonhos, e inventar traços de beleza, erigir luz e altares de fogo; acaso você não sabe que eles podem viver sem esperança, ser valentes e extrair sua oração do terrível abismo que é sua solidão?

Então me reencontrei sozinha, em meio à sombra de um dia glorioso, debruçada sobre meu trabalho. "Você deve trabalhar por seis dias", escrevi, consciencioso, sem mais me queixar, sem nada exigir, sem pensar no depois. A respeito de que eu escrevia, tão zelosa e diligentemente? Sobre as cidades e os vilarejos do Afeganistão, suas particularidades, seus bons e maus espíritos? Sobre a majestosa Herat e seus imensos minaretes, sobre Balkh, em razão de seu nome histórico, sobre a revoada de pombas brancas em Mazar-e Sharif? Ah, não siga perguntando, preserve seus conhecimentos, os nomes, os conselhos, e me deixe em paz para ser cega e surda, para escrever até a última hora. Eu não havia ido a Gásni e certamente viajo hoje. Esperar até a próxima estação? Esperar que o luto ceda, como um mau elemento, e que a alegria se levante como o tropel de cavalos e o som de fanfarras? Não espero consolo nenhum, não espero a hora certa, o maravilhoso brilho da tarde irá me acompanhar: já é hora! Partimos em viagem a Gásni.

Die Weltwoche, 16 de fevereiro de 1940

*Dois homens com ovelhas perto de um rio,
ao fundo o portão da cidade de Gásni, Afeganistão,
1940 (Annemarie Schwarzenbach).*

Duas mulheres sozinhas no Afeganistão

Duas mulheres sozinhas no Afeganistão

Duas mulheres viajando sozinhas! "Como você conseguiu viajar? Como você se alimentou, onde dormiu? Nada desagradável aconteceu com você?"

Sempre nos são dirigidas as mesmas perguntas desde que atravessamos a famosa passagem de Khyber e chegamos aos bem protegidos povoamentos ingleses da Índia. E quando respondemos a verdade: "Nos sentimos tão seguras entre nossos amigos afegãos quanto no seio de Abraão", então deparamos com o riso cético de um inglês, ou com o misto de espanto e indulgência daqueles que nunca viajaram senão com sua lancheira preparada, com uma dúzia de garrafas de cerveja refrigeradas e um *boy* acompanhando o *chauffeur*, que, ao fim da tarde, prepara o banho e passa a camisa do *smoking*. Pois os britânicos formam a nação mais conservadora do mundo; são incapazes de esquecer que as selvagens tribos montanhesas afegãs, há cem anos, causaram inúmeras baixas às tropas inglesas vindas da Índia que marcharam sobre o Afeganistão; elas atacaram a debilitada expedição do Exército durante sua retirada desesperada pela passagem de Khyber e a trucidaram tão cruelmente que esse evento até hoje é lembrado como uma das maiores catástrofes do Império Britânico[19]. Some-se a isso o fato de que, entre as províncias fronteiriças a noroeste dos domínios ingleses e dos domínios de altitude afegãos, há uma faixa de terra de ninguém, tida como território tribal; ali os irmãos das tribos guerreiras e apaixonadamente democráticas dos mohmand, shinwari e waziri não se submetem a nenhuma lei a não ser à sua própria. E mesmo que garantam a segurança da estrada de Khyber — desde o alvorecer até o pôr do sol nenhum tiro pode ser disparado, e todos podem viajar sem risco —, ainda assim, segundo as autoridades inglesas, nenhuma dama deve atravessar a passagem desacompanhada de um *gentleman*. Para além do *tribal territory* começa o Afeganistão, o lar dessas mesmas tribos (ou a elas estreitamente aparentadas) indômitas e belicosas. Nada mais óbvio para um inglês, portanto, do que supor que aquela terra misteriosa e selvagem seja, pelo menos no sentido britânico da palavra, incivilizada e perigosa.

Apesar disso, duas mulheres sozinhas, sem *boy* e *chauffeur*, e até mesmo sem um *gentleman*, viajavam por ali. Não possuíamos nenhuma garrafa de cerveja refrigerada, nenhuma arma e sabíamos apenas alguns rudimentos de persa. Prescindimos completamente de um intérprete. Nunca nos pediram nossos passaportes, nunca exigiram os papéis de nosso Ford com placa dos Grisões. Nosso dinheiro não é visto com desconfiança nem são cobradas taxas por nosso rádio, que, aliás, há muito tempo já não funciona. Ocorreu certa vez de alguém, em algum rincão esquecido pelo mundo, nos perguntar se éramos japonesas, mas realmente não foi por mal.

---

19 Trata-se da Batalha de Gandamak, conhecida entre os ingleses como a Retirada de Cabul de 1842, ou o Massacre do Exército de Elphinstone, que ocorreu no contexto da Primeira Guerra Anglo-Afegã (1839-1842). Após a invasão de Cabul em 1839, decorrente de uma interferência na sucessão do governo do antigo emirado do Afeganistão, os ingleses negociaram uma retirada em 1842. No caminho de volta à Índia pelo Indocuche, no inverno, tropas e civis das forças inglesas foram atacados por tribos afegãs, resultando na morte de cerca de 16.500 ingleses e indianos. [N.T.]

Grupo de homens orando durante o Ramadã na passagem de Xibar, no Indocuche, Afeganistão, agosto de 1939 (Annemarie Schwarzenbach).

Um único incidente desagradável ocorreu no Indocuche, num acampamento nômade a 2.500 metros de altura. Enquanto Ella Maillart e eu distribuíamos bálsamos para inflamação nos olhos e para rachaduras nas mãos, pílulas de quinino contra febre e alcaçuz para tosse e mau-olhado, enquanto as mulheres afastavam seus véus negros rindo timidamente e nos traziam seus bebês afetados por algum tipo de moléstia, um engraçadinho roubou nossa câmera Leica do carro que os anciãos da tribo haviam ordenado que vigiasse. Era um caso que ia contra as regras da hospitalidade e contra toda nossa experiência até então. Isso nos rendeu todo tipo de embaraço acerca de que medidas tomar. Deveríamos ameaçar chamar a polícia imediatamente? Provavelmente não, já que os órgãos do governo central claramente não são populares entre os nômades; teríamos nos tornado pouquíssimo benquistas, e a Leica desapareceria naquele mesmo instante e para sempre. Então decidimos apresentar essa dura queixa ao velho chefe daquele assentamento nômade, o *malik*: "Somos suas hóspedes e demos remédios para suas mulheres. Enquanto nos encontrávamos sob a proteção de seus homens, fomos roubadas. É essa sua hospitalidade?". O senhor de barbas brancas parecia tão preocupado quanto nós, e era evidente que conhecia a fundo sua tribo: um dos rapazes saiu apressado e voltou depois de alguns minutos com a câmera. Explicou que seu filhinho, um moleque sem-vergonha, a havia surrupiado. O ancião destratou o culpado com voz ameaçadora, cuspiu energicamente algumas vezes e, como retratação, nos convidou para um prato de arroz no fim da tarde. O lamentável evento foi logo esquecido e nunca mais se repetiu. Os nômades afegãos, independentemente de sua ancestralidade, foram mais ou menos belicosos no passado, mas são íntegros, brincalhões, solícitos e hospitaleiros. E isto é certo: eles não tocariam em um fio de nossos cabelos.

Mas não há apenas nômades no Afeganistão. Há moradores de cidades e vilarejos, proprietários de terras, camponeses sedentários, sacerdotes, prefeitos e funcionários públicos de uma estrutura governamental moderna e local, ainda em construção. Em todas as cidades de maior porte e nos trechos importantes das estradas transitáveis, o Ministério das Comunicações mandou construir hotéis estatais. Ali podem ser encontrados quartos e camas a preços fixos, uma lavanderia, uma cozinha. Sempre recebem chá e, na maior parte das vezes, também pilaf, a iguaria nacional de arroz. Existem românticos e amigos sinceros do Afeganistão antigo, aquele não tocado por nenhuma novidade ou deturpação, que lamentam a existência desses hotéis estatais. Eles inevitavelmente causam algum dano à liberdade individual, pois os viajantes, como nós, são muito facilmente constrangidos a viver nessas estalagens de beira de estrada e a pedir seu chá em vez de poder bebê-lo com os irmãos afegãos em uma casa de chá à beira do caminho ou num bazar. Mas o progresso — esse poder amplamente questionável e, em todo caso, muitas vezes mal-usado — segue leis fatais: o conhecedor honesto do Afeganistão irá saudar a construção de hospitais e escolas. Ele sente como uma necessidade premente a construção de estradas e que se abra o país para o comércio. Sabe que isso irá combater a pobreza e promover a exploração das riquezas naturais. Compreende, por exemplo, que isso precisa ocorrer por meio da racionalização da produção de algodão ou por meio do controle da lã das ovelhas caracul (ou ovelhas persas). Ele não se posiciona contra o surgimento de fábricas e assentamentos de trabalhadores no lugar de acampamentos nômades. Saúda até mesmo a emancipação das mulheres, que ainda mal começou e é pouco visível. Mas, com isso, ele aceita, não sem dolorosa apreensão, que as antigas e estimadas tradições e as atuais condições serão abaladas. Que as estradas seguras e efetivamente transitáveis com hotéis estatais foram "compradas" ao custo de se perder a hospitalidade dos nômades e prefeitos de vilarejos. Há algo de trágico no progresso tal como o vemos em curso atualmente no Afeganistão. Uma esperança, que ao mesmo tempo é uma dúvida, fala muito silenciosamente, perguntando se não seria possível, neste país independente entre a Índia e as repúblicas asiáticas da União Soviética, contra todas as leis do desenvolvimento, ligar as antigas virtudes afegãs com aquelas inevitáveis inovações que conferem ao Ocidente, apesar de seus males, ao menos a aparência de supremacia.

Seja como for, agimos em nossa viagem segundo nossa consciência, aliando-nos aos românticos. Poderíamos ter viajado desde Herat pela rota usual, passando por Kandahar e Gásni até Cabul; teríamos encontrado caminhões ao longo de toda a faixa de deserto árida e quente, teríamos podido comprar gasolina e, quase ao fim de cada trecho, teríamos encontrado um hotel. Apenas o fato de a ponte sobre o rio Helmand haver sido arrastada pelas chuvas da primavera, e ainda se encontrar sem reparo, teria atrapalhado essa cômoda solução. Ocorre que a "estrada do norte" nos atraía, embora o único europeu de Herat nos tenha pintado uma imagem bastante preocupante a seu respeito. Tratava-se de um jovem polonês, especialista em construção de estradas e que, portanto, sabia bem do que falava: mesmo um Ford tão potente jamais conseguiria superar as inclinações de trinta graus daquelas trilhas de mulas, cruzar os rios ou desafiar as dunas de areia. Não obstante, ousamos tentar. A ideia era partir de Herat rumo ao norte, cruzar a montanha e alcançar o vale do rio Murghab para então — sempre a uma curta distância do rio Amu Dária e da fronteira com a Rússia soviética — atravessar a província do Turquestão afegão até sua capital, Mazar-e Sharif. A partir de lá, a estrada nos levaria, no sentido sul, através do Indocuche, passando pela passagem de Xibar, até Cabul. Contudo, o jovem polonês tinha razão, assim como as autoridades afegãs, que haviam interditado aos caminhões a "estrada do norte" de Herat a Maimana. A antiga ponte sobre o Murghab, por exemplo, havia sido arrastada. Uma nova ponte, trinta milhas adiante no sentido do rio, já estava pronta, mas, para esse trecho, a estrada existia apenas nos mapas. Havia muita areia, muitas rampas íngremes, as quais nosso Ford — como qualquer outro carro — não poderia vencer tão rapidamente.

Some-se a isso o fato de que, naqueles dias de agosto, reinava no Turquestão um calor tal que só podíamos tomar a estrada à tarde ou nas primeiras horas da manhã. O carro fervia e engolia aquela poeira fina, pegajosa, que entope todo poro, que é conhecida por ser muito fértil, mas que impregna a terra com uma cor infernalmente monótona.

Se chegamos, apesar de todos esses elementos hostis, sem que o mínimo acidente ocorresse conosco através de todo o Turquestão, e se guardamos memórias transbordantes de vida e pacíficas daquela trilha montanhosa e do semideserto da antiga Báctria, devemos isso à hospitalidade afegã. Para nós, já não era mais uma preocupação onde encontraríamos algo para comer, onde passaríamos as horas de sol a pino, e quais surpresas nos traria a noite seguinte.

No primeiro vilarejo depois de Herat, na montanha, o prefeito nos recepcionou com uma numerosa comitiva e nos instalou em um quarto fresco, no interior de sua casa, que mais parecia uma fortaleza. As uvas que ele mandou buscar de seu pomar eram doces, de casca fina, e ainda estavam quentes do sol. À tarde, chegamos a Qal'eh-ye Now e fomos conduzidas por soldados através de um pequeno bazar até a residência do governador. Em um jardim florido cercado por altos muros de argila, enviaram-nos a uma casa de hóspedes nova, na qual claramente ninguém ainda havia morado, trouxeram-nos chá e, em seguida, uma bacia cinzelada, com um lindo bico de bule, que o criado nos ofereceu habilmente para que lavássemos as mãos. Depois o jovem criado se sentou à espera no jardim, observando discretamente cada um de nossos movimentos, tentando adivinhar nossos desejos — e então se abriu um pequeno portão e, ao brilho de tochas, uma pequena procissão marchou em nossa direção: lacaios usando turbantes brancos, trazendo o pilaf, a iguaria de arroz com galinha, e carne de carneiro cozida e assada. Havia também potinhos com legumes, pequenos pratos com condimentos picantes e confeitos de marmelo; para acompanhar, pão redondo e chato, uvas, melões, cerejas. Uma fabulosa tábua com os mais majestosos frutos. O governador, nosso anfitrião, nos visitou depois da refeição, no fim da tarde. No dia seguinte, ele nos levou a um passeio em seu carro pelos vales da montanha até sua residência em Bala Murghab, situada em um alto jardim.

No caminho até lá, tivemos uma recepção festiva no vilarejo de Darrah-e Bum. Fomos levadas a cavalo da estrada até uma tenda armada especialmente para nós. O governador comeu com os homens, e criados nos trouxeram uma tigela com *mast*, um tipo de iogurte, e *dugh*, espécie de leite coalhado, diluído em água e temperado com ervas. Para a recepção do governador, mandaram matar uma ovelha, que em seguida foi cozida, assada e devorada até os ossos, e nós ainda conseguimos nos servir, ainda no espeto, de algumas belas porções para acompanhar o arroz. Em Bala Murghab, havia peixes do rio que, de algum modo, desaparece em Merv, mas que aqui é uma corrente fresca e profunda em meio às montanhas. Estivemos dois dias naquela antiga residência com pátios atrás de pátios e numerosos criados e guardas armados junto a seus portões. Dormíamos no teto de barro pisado e víamos, para além das fileiras de álamos nos jardins, no horizonte amarelo e trêmulo pelo calor, o começo da grande estepe asiática.

Eu me lembro de uma recepção matinal na casa do *hakim* de Qala-e Wali. Havia — como em todo lugar — chá-vermelho e verde. Os melões eram partidos e provados por conhecedores antes que os pedaços cortados com esmero nos fossem servidos. No palácio, víamos de nossos aposentos sombreados e frescos, através de uma pequena janela com batente de madeira, a praça dos bazares do povoado, onde nômades, a cavalo ou a pé, cameleiros e camponeses com jumentos chegavam para mais um dia de mercado. Em Qaysar, passávamos as horas mais quentes do dia acompanhadas da amistosa esposa e das belas filhas do prefeito no jardim, onde os talheres eram postos à europeia sobre um tapete à sombra das árvores. O arroz nos era servido à mesa. Apenas a mãe participava de nossas refeições; enquanto isso, as filhas e sobrinhas comiam seu pilaf no tapete. Usavam habilmente os dedos para pinçar não só o arroz, mas também os escassos bolinhos de carne e os legumes imersos em gordura. Um pouco apartadas, junto ao samovar, atacavam restos de arroz as criadas, uzbeques de olhos puxados e de calças largas e coloridas. Dormimos então em colchões de seda, sob finíssimos véus, até que o calor amenizasse do lado de fora.

Lembro-me ainda de um homem rico de Scheberghan: certa noite — devia ser por volta de nove horas —, havíamos chegado a um bazar iluminado por muitas lâmpadas coloridas e perguntamos a um policial se era possível passar a noite ali. Num assentimento animado, ele subiu no estribo do nosso carro e nos guiou até um pátio largo e então ao interior de um jardim, atrás do pátio. No meio do jardim, havia um terraço de cerâmica iluminado por lâmpadas de querosene e coberto por tapetes. Ali nos recebeu o proprietário, um homem simpático de rosto fino, olhar inteligente e agradável, como se estivesse esperando por nós. Tiramos os sapatos, criados nos trouxeram almofadas, chá e a bacia para lavarmos as mãos. Num piscar de olhos, nos trouxeram um farto pilaf. Enquanto comíamos, a lua alteava e o jardim se transformou numa imagem de sonhos. Embora, infelizmente, não fôssemos capazes de trocar uma palavra sequer com nosso anfitrião, ainda passamos todo o dia seguinte em Scheberghan, vimos jardineiros, criados e amigos da casa do homem rico. Antes de nos despedirmos, pudemos confraternizar com ele mais uma vez em torno de um último prato de arroz.

    Um suíço me perguntou recentemente se era de todo possível comer os alimentos dos nativos, e se eu não temia dormir, sem medida de precaução, em meio a essa gente. Esse bom homem realmente não tinha a menor ideia da hospitalidade afegã! Embora eu tenha falado aqui repetidas vezes de banquetes de pilaf bem guarnecido de gordura e condimentos, o fato é que a maioria dos habitantes não pode se dar ao luxo de comer arroz e carne de carneiro. Nas tendas dos nômades, frequentemente só há coalhada e um pouco de pão. E, em muitos vilarejos, os pobres sequer têm isso. No Turquestão, onde, no verão, os jardins e as bancas dos bazares transbordam de frutas, pude ver, alguns meses mais tarde, o anúncio do terrível inverno. Era a mesma terra, mas agora fustigada pelo vento cortante, um deserto envolto por densas nuvens de areia, e o que se via nas casas de barro dos camponeses era verdadeiramente penúria. Mas, apesar dessa situação, fui recebida, exatamente nesse período, no último vilarejo à margem do deserto, por mulheres sorridentes e vivazes. Conduziram-me então até o *hakim*, que se encontrava sentado sobre um tapete de feltro e fumava um cachimbo d'água. Enquanto me eram oferecidos pão e um pequeno recipiente com chá não adoçado, jovens e velhos me rodeavam, crianças me fitavam, as moças bonitas tocavam minhas roupas, o médico me dirigia perguntas sérias e amistosas, me oferecia um cavalo junto a um guia para que eu não perdesse o caminho para casa. Cordialidade sincera, tanto no vilarejo do deserto quanto no opulento jardim de Scheberghan — essa virtude me faz amar e prezar o Afeganistão.

Thurgauer Zeitung, 16 e 17 de fevereiro de 1940, sob os títulos "Duas mulheres sozinhas no Afeganistão" e "Hospitalidade afegã"

Cihil Sutun

Em um dos belos e amplos jardins da cidade persa de Isfahan, ao fim de um lago que se estende longamente cortando canteiros de rosas como uma estrada d'água, há um pequeno palácio chamado Cihil Sutun. O nome significa "quarenta colunas". Com efeito, o encantador e arejado edifício consiste, na verdade, apenas em um bosque de colunas delgadas de madeira, que se elevam como troncos novos que gostariam de crescer até o céu e suportam um teto plano e sem peso, enquanto, ao fundo, no átrio ao centro das colunas, mal é possível avistar o muro enfeitado em muitas cores por suaves arabescos em mosaicos, arranjos florais e estrelas. Caso, porém, alguém conte conscienciosamente as colunas, verá que não passam de vinte — e se espantará com o nome Cihil Sutun; basta então que siga o jardineiro até a margem mais externa do caminho d'água para ver, à distância, as vinte colunas somadas ao seu reflexo uniforme e ininterrupto.

Mas há, porém, um outro motivo para o número quarenta. Enquanto eu ainda nada sabia a esse respeito e conhecia o Afeganistão apenas de nome, um conhecido afegão me contou que havia em seu país quarenta plantações de uva.

"Por que exatamente quarenta?"

"Quarenta", ele disse, "significa inúmeros, infinitos, significa doçura, abundância infinita!"

Tomado pelas lembranças e por saudade de casa, ele insistia em falar da encantadora plenitude, que vinha em quarentas, das uvas de Herat e Kandahar. Mas, enquanto eu o ouvia e minha mente vinculava a fala sobre quarenta variedades de uva à imagem de uma terra prometida, não sentia o desejo de visitar aquele país. Só é possível amar verdadeiramente aquilo que se abraçou e se viu com os próprios olhos; mesmo a nostalgia é apenas solidão que irradia e sangra.

As coisas se passaram de tal modo que, quando quis deixar a Pérsia[20], fui movida pelo pensamento de que devia haver em algum lugar regiões mais plácidas e próximas, quem sabe mesmo certo litoral da infância, à terra prometida. Eu não me julgava capaz de vencer o deserto asiático, o qual ainda não havia de modo algum abrangido em toda sua imensidão, em seu assombro, em seus jogos de cores comoventes e seu poder ferrenho e aniquilador! Na verdade, eu estava apenas cansada da viagem e desejava regressar. Temia ter dado um passo grande demais, tendo talvez ultrapassado, ainda que involuntariamente, a fronteira dos domínios concedidos aos humanos. E já temia o castigo! Como se nosso coração não conseguisse suportar todas as coisas e pudesse se despedaçar por tudo e por nada, como se houvesse pecados e arrependimento — mas não aqueles momentos raros, aqueles encontros inesperados e redentores.

---

20 Schwarzenbach havia estado na Pérsia (Irã) duas vezes antes da presente viagem; a primeira em 1933, a segunda em 1935. Durante sua segunda estadia, mais longa, ela passou a usar morfina. Em 1939, acabava de sair de uma casa de reabilitação europeia, em consequência desse vício. A busca pela recuperação foi um dos motivos para empreender, com Ella Maillart, a viagem ao Afeganistão. Em seu livro *Auf abenteuerliche Fahrt nach Iran und Afghanistan*, [Em viagem de aventura através do Irã e do Afeganistão], publicado em 1948, e reeditado em 1988 como *Flüchtige Idylle* [O idílio da fuga], Ella relata a dificuldade de Annemarie de abandonar o vício, mesmo no Afeganistão. Os parágrafos seguintes parecem aludir a isso. [N.T.]

De que adiantaria agora voltar a pensar no desespero cambaleante de que fui acometida ali e tratá-lo como um erro? Será que eu deveria me pôr a caminho com passos decididos e coração alegre? Não era esse meu estado de espírito. Será que eu deveria ter mais confiança nas amistosas forças da terra e me sentir mais segura e protegida diante da dolorosa visão do horizonte de cor flamejante? Eu não era mais capaz e estava terrivelmente vulnerável. Será que eu deveria me submeter aos questionamentos e elevar minhas vistas à montanha? Ah, eu tentei, mas foi em vão...

Por isso, certo dia, quis me desprender de um destino que eu não sabia bem qual era, e acreditava apenas compreender que eu havia encontrado um infortúnio, desses que pode nos atingir a todos; e que agora eu precisava me afastar, silenciosamente. Como é que os outros vivem, eu me perguntava, como suportam esta terra e o dia de amanhã? Quando, no entanto, mais uma vez advém o crepúsculo dos primeiros arrebatamentos, quando esse dia sem sombras se abranda, os corços passeiam pela ribanceira invernal, já envolta em névoa; quando, mais uma vez, me é dado um tal momento inocente, então quero baixar meus olhos e me arrepender; e não quero nunca mais cair em tentação, mas admitir: somos residentes apenas de uma região muito estreita, podemos apenas percorrer um trajeto muito exíguo — mas, para além dele, em distâncias insondáveis, é ali, às margens da morte, que atracam os navios.

Que alguém então me fale das quarenta variedades de uva e das sete maravilhas do Afeganistão, das imensas torres de Mussallah e dos muros da cidade de Herat — de Samarcanda e do portão de ouro! Sucumbir aos antigos encantamentos, às tristes nostalgias? À estranheza ampla como o céu, que se espalha por todo o mundo? Que Deus me proteja! Isso não foi uma oração, eu não tinha desejo algum, e isso tudo, uma vez escrito, já foi esquecido. Nenhuma palavra mais.

Eu havia dito a mim mesma que nunca mais voltaria à Ásia, que o Afeganistão seria apenas um nome, e o Indocuche e o Turquestão, meras visões enevoadas e sem importância, enquanto os bem-aventurados vales jamais visitados seriam paraísos. Também me parecia óbvio que eu jamais voltaria a ter na mão uma pena e escrever em uma folha de papel. Essa profissão me parecia demasiado penosa, uma constante imagem refletida de nossa existência jamais redimida, a qual eu não queria mais aceitar nem suportar. A cada nova manhã, a cada novo dia, voltar a deparar com o mundo indiferente, tocá-lo e arrancar do coração combalido uma palavra que fosse — e saber: isso não tem duração, esse é o momento da despedida, já esquecido. Você, no entanto, estando ainda esgotada e cega de dor, precisa mais uma vez pôr-se a caminho, seguir vivendo, e quem irá recompensá-la? Vale a pena o esforço?

Mas esqueci como fazer essas perguntas. Os sons de Cihil Sutun, porém, ficaram gravados em minha memória, a imagem de suas colunas buscando alcançar o luminoso céu persa e de seus reflexos emergindo nas profundezas azuis. Em Herat, também provei quarenta, até mais, variedades de uvas doces e acres, de casca macia e de muitas cores, até mesmo aquela dourada e redonda que ali chamam de uva do rei, e passei algumas noites de um tórrido agosto à sombra do gigantesco minarete, que se revestia das mais cintilantes cores. Nem mesmo o incessante vento do norte, que rebentava como ondas do mar, trazia frescor, só mesmo a areia incandescente dos desertos do Turquestão.

Não aprendi muitas coisas novas, mas vi toda sorte de coisas e experimentei tudo em meu próprio corpo — e, no extremo ermo de Lataband, já sentia a aguda dor da despedida.

Homens com camelos em Bala Murghab, Afeganistão, 1939 (Annemarie Schwarzenbach).

Após Pexauar...

Após Pexauar...

Durante muitos meses, ainda no Afeganistão, sonhei com este dia: o dia do despertar — e concebi essa viagem, o trajeto de carro pela passagem de Khyber, nas montanhas selvagens que fazem fronteira com a Índia — e então, muito mais abaixo, ao fim de incontáveis curvas agudas, a visão da planície da terra dos cinco rios.

Superados o cansaço e os perigos, o caminho demasiado longo e solitário, o clima demasiado acre, esquecidas as estepes do Turquestão, sempre habitadas por ventos ululantes, e esquecidos seus oásis, sempre assolados por tempestades de areia amarela, sobrepujados à imponente desolação do Indocuche, o frio cortante em Xibar, a vista das estéreis fogueiras dos carvoeiros, das cabanas escuras dos nômades, dos povoados de argila congelados à primeira luz da manhã — e aquela noite na estreita passagem de Doab, que não queria acabar nunca! O céu era apenas uma estreita faixa azul e austera entre paredes rochosas que emergiam lúgubres; corriam ao lado da trilha escarpada, cuja largura não era de mais de dois passos, as águas escuras do Kunduz. Esquecidas, superadas!

O novo dia surgiu sóbrio e frio, um dia de dezembro como muitos outros; via-se a neve nas alturas de Paghman, que se elevava com leveza ao redor da planície amarelo-ouro de Cabul e prometia grandes distâncias, um mar de cadeias de montanhas e vales. Ao menos havia sido assim até então. De forma que, na hora definida com muita antecedência, me despedi e me perguntei inutilmente: como isso foi definido, para que essa decisão, para que essa ficção de liberdade de gosto tão amargo? E confessei a mim mesma no último instante: eu não havia previsto esse momento!

Mas era tarde demais. O inverno do Afeganistão é rigoroso. Mais um par de semanas ou dias e as nevascas trancariam a passagem por Lataband, avalanches interromperiam as estradas até a Índia. Então eu precisaria aguardar, passiva e involuntariamente — e o que mais? Falava-se, em Cabul, a respeito dos russos, que talvez viessem a invadir o Turquestão, a atravessar o Indocuche, a ameaçar a Índia. Falava-se em escassez de combustível; acaso já não havia ocorrido, em tempos recentes, de nenhum dos três postos de gasolina da capital poder vender mais de dois galões? O uísque vindo de Pexauar, do carregamento de *mister* Gai, já estava mais caro; agachadas em volta da lareira, as pessoas falavam a respeito disso, bem como da dificuldade em conseguir lenha na capital, essa região montanhosa desprovida de florestas — as escolas já não estão mais sendo aquecidas! No único hotel da cidade, alguns tchecos sem passaporte aguardavam autorização para viajar à França, passando pela Índia, e entrar na legião da qual souberam por meio de boatos. Um terremoto nos assustou. No meio da noite, a porta do meu quarto se abriu de supetão, do lado de fora um fortíssimo vento assolava os jardins congelados; ele não vinha nem do norte, nem do sul, mas como que caía do céu, para logo em seguida voltar a ceder. Todas as nuvens se amontoaram no horizonte intangível; sentamo-nos diante do rádio, ouvimos a respeito dos vilarejos em chamas e dos batalhões congelados na Finlândia. Já estávamos bastante longe, a passagem de Khyber ainda se abria diante de nós, e, como em todo outono, infinitas caravanas de camelos, povos nômades inteiros, com tendas e mobília, vinham de seus campos brancos e desciam o Indocuche em direção a seus refúgios de inverno, para lá da fronteira com a Índia. Numa manhã clara, vimos ao norte, contra um céu imaculado, as asas prateadas de um avião russo, que provavelmente arriscava a viagem de Tashkent a Cabul. Em cavalos cobertos de espuma cavalgamos através do vale de Logar, que cintilava em tons marrons, e voltamos, a caminho de casa, através das profundezas aveludadas do vale. Ainda não havia anoitecido. E eu tinha um punhado de desejos modestos: que *mister* Gai me enviasse uma nova fita colorida de Pexauar para minha máquina de escrever, que os cigarros americanos não estivessem esgotados na lojinha perto da ponte de Cabul, na entrada do bazar. Que algum bom amigo me emprestasse um bom cavalo para a próxima caçada, e que a terra sob seus cascos fosse macia, e o sol brilhasse clemente.

Ele havia voltado a brilhar, e convertia as primeiras e pesadas horas da triste madrugada no início radiante de um novo dia! Não é necessário ter esperanças de realizar algo; não é necessário ser bem-sucedido para se manter em pé!

Era assim que vivíamos em Cabul. Éramos uma modesta, relativamente pequena colônia de europeus, que batizava seus filhos e, justamente quando eu partia, preparava a celebração do Natal. Fui aconselhada a fazer uma parada nos belos jardins mongóis de Nemla e pernoitar em Jalalabad. Jalalabad? Eu me lembrava de ter ouvido esse nome havia alguns meses ou anos; de lá supostamente partiam estradas para as terras sagradas e proibidas do Cafiristão. Mas, durante toda a estação, seus povoados estavam enterrados em neve, e agora suas estradas provavelmente se reduziam a trilhas para animais de carga. Mais tarde, disseram-me: siga por um vasto planalto emoldurado por cadeias de montanhas brancas, acompanhe a migração de povos inteiros de nômades a caminho do sul, até alcançar a solitária cidade de Daca, situada entre montes descobertos, o posto fronteiriço afegão. Por volta do meio-dia, você já estará em Khyber!

Tudo ocorreu dessa maneira — meus amigos de Cabul apenas se esqueceram de me falar a respeito de Lataband, uma passagem importante, que segue por caminhos mais elevados e é mais difícil, mais perigosa, mais dramática do que a famosa passagem de Khyber. Nunca me esquecerei dela. Talvez seja apenas a incurável ferida da despedida, aquela hora difícil de descrever, desprovida de conteúdo, por assim dizer, e consagrada apenas à coragem cega e surda; talvez tenha sido aquele último momento, irrevogável e já pregresso, em que o simpático velho com turba escancarou o portão e me disse: "Você precisa manter as mãos firmes no volante — a estrada principal de Cabul está encharcada com um lamaçal que chega a um pé de altura —, você ainda precisa abastecer o carro, encontrar o caminho, você precisa, *precisa...*", e então me vi na estrada militar de Alexandre, sem verter nenhuma lágrima, sem olhar para trás. Lataband era uma montanha erma, banhada por uma luz morta, pela qual passam numerosas caravanas. De que valeria percorrer esse caminho, milha a milha, e então seguir vivendo, irremediavelmente?

O bosque do jardim mongol em Nemla — banhado pela luz da lua. Então outra vez o ermo e a sempre inútil, sempre renovada coragem. Na passagem de Khyber, funcionários ingleses da alfândega pediram meus documentos. "Quando foi a última vez que a senhora atravessou esta fronteira?" Fiz um grande esforço para lhes explicar que, no caminho de ida, eu não havia passado por aquela fronteira, que eu nunca a havia visto. De qual caminho, estrangeira?

Caravana no desfiladeiro de Lataband, Afeganistão, 1939 (Annemarie Schwarzenbach).

Eles se espantaram um tanto. Da Pérsia, do Turquestão... O certo, porém, é que todos os caminhos estão abertos e não levam a lugar nenhum, a lugar nenhum.

No mesmo dia, ainda avistei a Índia. Na estrada asfaltada de Khyber, o carro voava, e as torres de vigilância, as estradas de ferro, os muros do forte de Jamrud, a estação de Landi Kotal, as curvas, as placas, tudo me tirava o fôlego. Eu gritava para mim mesma: foi você quem tomou a decisão, assuma você o volante! Mas isso eram palavras, apenas palavras.

Ali, ao final das curvas acentuadas, estava a Índia. Na imensurável planície, confluíam os rios Indus e Cabul, à beira da estrada, homens ajoelhados rezavam. Uma parada, para olhar em volta — onde está a terra prometida? Luto e comoção sem iguais — e me lembro dos terraços do Indocuche, sempre banhados por sua férrea luz. Nunca voltarei a vê-los.

Die Tat, 18/19 de maio de 1940

Grupo de homens e crianças com burros à caminho do desfiladeiro de Khyber em Jalalabad, Afeganistão, c. 1939-1940 (Annemarie Schwarzenbach).

Áden, uma visão na manhã

Eu estava acostumada a contar cada quilômetro e cada polegada de terra a ser vencida, desde a passagem de Simplon e os planaltos italianos, os morros da Iugoslávia, os bancos do Danúbio e os campos de rosas búlgaros, até os portões cintilantes, as torres e as pessoas de Istambul, desde o mar Negro e as adoráveis costas de Trebizonda até o pé do Ararate, que se eleva solitário entre as nuvens da Anatólia, desde a cidadezinha rochosa de Maku até as montanhas azuis de Tabriz e os cumes eternamente coroados de neve do monte Damavand, desde as abafadas depressões, envoltas numa nebulosidade febril, do mar Cáspio até o mausoléu mongol à beira da estepe turcomena — e sempre adiante, até o domo dourado da cidade sagrada de Mexede, até a fronteira desértica entre a Pérsia e o Afeganistão, até os imortais minaretes de Musallah na entrada de Herat, até o rio Murghab que se dissipa em areia à altura de Merv, até a margem do Oxus e as imensidões solitárias, fustigadas pelo vento, do Turquestão, até os estreitos e as majestosas passagens do Indocuche, até Cabul e Gásni, até a Khyber, o portão de entrada da Índia —, e, milhares de milhas adiante, através das terras banhadas pela luz da lua, as cidades dos esplendorosos tapetes, lagos, jardins de flores e mármore branco do Industão até Bombaim. Ali estavam o mar e o fim de minha viagem, e, enquanto eu nadava nas mornas águas salgadas da baía de Bandorá, via um horizonte de palmeiras, cabanas de palha, gado branco, e ouvia a sirene de um navio que retornava ao seu porto.

O oceano Índico, o mar Arábico — tudo agora é diferente, muito diferente; a paciência se esgotou, a vontade esmoreceu como num sonho; a lua se pôs, o vapor esfumaça ao longo de sua rota na direção oeste. Tal como os outros viajantes, só me cabe esperar, e algum dia aportarei em Gênova. Pouco é exigido de nós; apenas que, diariamente, voltemos nossos relógios meia hora, ou uma hora inteira, pois estamos circum-navegando o globo, estamos em uma corrida contra o sol!

Áden, Moca, Massaua, mar Vermelho, canal de Suez, Porto Said — meras paragens em nossa rota, meros nomes fugidios e sem significado. Em nosso[21] retorno, é indiferente se o mar, encrespado pela luz do sol e pela brisa leve, parece infinito ao olhar ou se as margens se mostram, desertos cintilam, rochas se amontoam à beira da Arábia Feliz[22]. Quantas milhas, quantos dias, quantas bandeirolas de papel do meu imaginário mapa-múndi pessoal? Mas é muito quente, o ar pesa, o sono é difícil — e as horas me atravessam, cortando o convés, sem qualquer conteúdo real.

Conto nos dedos: quatro dias desde Bombaim, e ouço alguém dizer, debruçado sobre a amurada e olhando o mar escurecido pela noite: "Amanhã estaremos em Áden. Um pouso desolador! Nada para ver, ali não se encontra uma mancha de verde, um templo, um monumento ou restaurante decente, o

---

21 Vale notar que Ella Maillart não retornou à Europa com Annemarie Schwarzenbach. [N.T.]

22 Arábia Feliz (ou ainda, "Arábia Fértil") é a designação antiga (latina e grega) dos atuais territórios do Omã e do Iêmen. [N.T.]

bar no Crescent Hotel é uma piada, os preços são absurdos, o clima é desagradável. Não vale a pena descer do barco!".

E seu vizinho, um oficial do navio, informa: "De qualquer maneira, os passageiros não terão permissão para desembarcar. Quanto tempo permaneceremos lá? Ninguém sabe; talvez duas horas, talvez dois dias. Pois é, meu senhor, isso depende das autoridades portuárias inglesas. Estamos em guerra, meu senhor, guerra — e nossa companhia, que é italiana e neutra, não recebeu nenhuma garantia de que seguiremos tranquilos o curso de nossa viagem...".

Em sonhos, mais tarde, lembro-me de uma lição do colégio: "*Áden*, queridas crianças: no golfo Pérsico, no golfo de Omã, ou no canal do Panamá? Mas vocês não têm vergonha? Que confusão! Para não esquecerem, e como castigo, anotem cinquenta vezes: Áden fica no canto sudeste da Arábia, na entrada do mar Vermelho, e não do mar Morto, entre a Ásia e a África, e é um dos mais importantes bastiões do Império Britânico".

Também sonhei com a rainha de Sabá e me lembrei, desesperada, do belo nome Hadramaute, onde teriam sido criados arranha-céus em meio a desertos de areia. Sonhos, evidentemente sonhos, e nada mais! Quando acordei, era outra vez o espetáculo, a neblina matinal, um pouco de amarelo no horizonte do mar cantado pelos poetas — e o triste nascer de um novo dia.

Nesse momento, avistei rochas, e a maquinaria do vapor cessou seu arfar. O sol já despontara — os relógios pouco confiáveis do navio, que a cada salto se alteravam, indicavam oito horas —, mas o céu estava cinza, o braseiro de enxofre se escondia por detrás de uma densa camada de nuvens, e as rochas, sempre ferrosas e negras, pareciam brotar de um terrível nada — essa primeira visão da Arábia não revela uma costa feliz!

Havia agitação a bordo do nosso vapor. Os passageiros alemães tiveram seus passaportes confiscados, os ingleses, em suas calças cáqui e capacetes de tropas, faziam patrulhas, os italianos afetavam importância com seus documentos e se recusavam a prestar qualquer informação. Desembarcar? Por sua conta e risco! E, por favor, deixe a câmera fotográfica na cabine! Seguiremos rumo a Massaua, o porto etíope futurista, precisamente no horário, só não sabemos qual. Sim, jovem *signore*, isso que está vendo é, sem dúvida, Áden...

Assim eu me via em terra firme, sem dúvida em Áden. As rochas negras formavam uma arena e eram lisas, sem árvores, sem fontes, e pareciam não produzir sombras. Cravada em seu colo cruel havia esse povoamento humano: Áden. A água da chuva, que cai a cada 3 ou 10 anos, enche o gigantesco tanque recortado na pedra, que comporta alguns milhões de litros e cuja origem remonta a épocas desconhecidas. É usado ainda hoje pelos serventes negros e desce em cascatas formadas por represas desde o alto das rochas, através de um estreito, até o mar. São oito *annas* para entrar nos jardins e visitar nossos tanques! Os jardins! Um pouco de verde, fresco como a manhã, cravado como esmeralda no deserto em que vivemos e dispomos de nossos bazares, casernas e barracas; um cemitério inglês, um cemitério árabe e um imenso cemitério judeu; hospitais, escolas, delegacias, uma estação de rádio, um hotel, um café. Lá, sete ingleses jovens e loiros estão tomando seu café da manhã e, ao lado, rúpias são trocadas por libras esterlinas, libras por liras — a um câmbio mais favorável —, e quimonos japoneses e cigarros americanos são vendidos a bons preços. Uma rua asfaltada sobe partindo do porto, onde velas triangulares se inflam nos mastros de pequenos barcos, feitos para navegar no mar e guiados por talentosos rapazes negros de olhos puxados, de cintura fina, e com deliciosos sorrisos pecaminosos. Mais acima, onde brilham pirâmides brancas, a praia é plana, e o calor, inacreditável: são as salinas exploradas pelos italianos.

Mas duas rochas se tocam e formam uma passagem e um portão — muros de fortaleza sobem até os céus, encontram-se, curvam-se em um ponto sobre a estrada, o mar fica para trás, a arena se fecha —, e o mar de tetos sob meus pés é a antiga e autêntica Áden, a cidade de hindus, árabes, mestiços e jovens negros: um lugar sujo e miserável, imemorial, carregado de segredos, rico em marfim e sândalo, e que, nas noites claras, cintila por seus alabastros. Meu guia tem boa vontade e me mostra o novo cinema e a cadeia, cujos muros amarelos estão apinhados de cacos de vidro, as cercas de arame farpado em torno das barracas dos batalhões penais, os canhões nas cristas das rochas — há milhares deles; é impossível conquistar essa fortaleza —, as escolas para as mocinhas e a igreja inglesa; e, enquanto cobra uma rúpia e meia, ou 2 xelins, pelo tempo de espera, me dá de presente uma flor vermelha tirada do jardim miraculosamente irrigado — só Deus sabe como! — de um rei árabe sem nome.

Devo a um acaso poder ter visto a face de Sabá talhada em alabastro e a estela cor da lua com seu nome grafado em maravilhosos ideogramas. Ocorre que eu havia encontrado o memorial de um judeu: um espaço num porão. Abrir a fechadura enferrujada custou seis *annas*. Ali eram dispostos moedas, pés destroçados, cotas de malha; ali olhavam monotonamente para mim, com seus narizes aduncos, centenas de rostos em alabastro, ancestrais barbados, reis, deuses, sacerdotes e, junto deles, sua deusa-lua e sua deusa-mãe, inexpressivas, suaves e sanguinárias. Ali fiquei sem ar e feliz por voltar ao ar livre e para a brisa do mar. Um uísque! Um café árabe, um biscoito francês (ou pseudoinglês), um cigarro Camel.

E era possível conseguir qualquer coisa. Os jovens ingleses, com seus capacetes militares debaixo do braço, pediam filés e batatas fritas. O sol de Áden brilhava infinitamente através das nuvens que se desafaziam impotentes.

Não lembro ao certo como reencontrei o mar e as escadas do navio. A maquinaria arfava e estrondava, olhei para o mostrador do meu relógio e descobri que já era fim de tarde.

Áden, eu dizia a mim mesma, Áden, essa foi Áden, eu martelava essa palavra em mim. E via, através da escotilha, o cenário de uma arena de rochas, imersa na imortal luz cósmica que retorna a cada manhã; e via, sem dar adeus, um rapaz de pele negra, que apoiava os pés descalços contra a parede de seu antiquíssimo e pesado barco a vela.

National-Zeitung, 12 de fevereiro de 1940

A viagem através do canal de Suez

A respeito dessa viagem, não há muito o que contar. Trata-se do caminho usual de navio da Índia de volta para casa, o qual leva cerca de treze dias de Bombaim a Gênova, fazendo paradas em Áden, Porto Said, e talvez ainda em Massaua, um porto italiano na Eritreia. Seguimos através do mar Arábico, do mar Vermelho, do canal de Suez e do Mediterrâneo. Em Porto Said, o tempo virou de súbito e se fez um inverno verdadeiramente europeu. Até então, estava bastante quente, havíamos sentido a umidade típica da Índia seguida do bafo quente dos desertos da Arábia.

Em Massaua, o clima era africano; mesmo agora, em janeiro, os italianos trajavam seus capacetes militares e uniformes brancos. O sol brilhava através das nuvens vespertinas, seus raios caíam como chuva e tamborilavam sobre os telhados ondulados do porto. Toda a cidade, decididamente feia, consistia em depósitos de mercadorias, edifícios aduaneiros ou de repartições públicas, casas de exportação e cafeterias pseudoitalianas. Bebiam-se licores italianos, pagava-se com dinheiro italiano, e lia-se em todo canto, nos letreiros da companhia de transporte, o nome Adis Abeba. Para além da cidade, tinha início uma planície montanhosa amarela e sem árvores. Em uma lagoa, via-se uma ilha toda coberta de mata verde alta e densa.

Sob o toldo de um bar no ancoradouro, bebi um café excelente, fortíssimo, meus vizinhos eram um estivador e um jovem marinheiro. Rapazes negros esperavam de cócoras nas docas e vigiavam os pesados encordoamentos do nosso navio branco, *Biancamano*. Assim que ouvi a sirene do navio, voltei a bordo. Todos os camareiros e marinheiros, que haviam recebido autorização para desembarcar, traziam consigo saquinhos com café da cidade, que haviam comprado para suas famílias na Itália. A orquestra tocava a "Giovinezza"[23] e marchas militares. Na escuridão, o mar parecia liso e sedoso, pequenos botes de pescadores, com suas velas triangulares, passavam por nós deslizando como pássaros: isso é tudo o que vi da Eritreia.

Desde Áden, já não se avistava a costa da Arábia. E, em Áden, a Arábia foi um teatro de rochas, uma paisagem vulcânica sem vegetação, fortalezas sobre rochas encrespadas, arames farpados, barracas — na praia plana, para além do porto, o morro de sal branco de uma salina. Eu imaginava a Arábia de modo completamente diferente: desertos de areia, alvor de marfim, bebedouros de camelos, as cidades soterradas da rainha de Sabá...

Precisávamos de quatro dias para atravessar o mar Vermelho. Eu nunca havia visto um céu tão sombrio! Às vezes, as nuvens eram amarelas como enxofre, em outras, negras como fumaça, e a luz pálida descia como que por uma escada de cordas até o mar encrespado. Não havia golfinhos brincalhões ou peixes-voadores. Certa vez, passamos por um recife rochoso com um farol e uma barraca. Era todo branco e brilhava como

---

[23] Hino oficial da Itália entre 1924 e 1943, durante o regime fascista. [N.T.]

*Homens de uniforme diante de um navio no porto de Massaua,
África Oriental italiana, 1940 (Annemarie Schwarzenbach).*

apenas brilha a Fata Morgana[24] sobre palmeiras e as mesquitas douradas no horizonte da Síria.

Não nos deixaram desembarcar em Suez. Muitos passageiros se desapontaram. Haviam planejado um rápido passeio até o Cairo: cavalgada sobre camelos até a esfinge e as pirâmides, visita aos tesouros de Tutancâmon no museu, almoço num hotel de luxo, passagem por um velho bazar, jantar em um vagão-restaurante — e, ao fim do mesmo dia, teriam retornado ao barco em Porto Said. Egito em doze horas, por cinco libras esterlinas e meia!

Em vez disso, ficamos longamente estacionados diante de Suez; e, na baía plana, vi o início do deserto: partindo do belo mar azul-claro que espumava suavemente, crescia a areia amarela, que fluía em largas ondas para o continente. Ali já não se notava mais qualquer limite entre a água, o céu e a terra plana; todos esses elementos da mesma luz, que era mais como uma brisa, deslizavam sem qualquer obstáculo naquela direção. Quando finalmente acessamos o canal com um piloto que estava a bordo e a meio vapor, deixando para trás os edifícios brancos e os passeios públicos urbanos dessa península artificial que é Suez, então esse dia ainda claro e ensolarado se assemelhou a uma noite enluarada, e foi como se, de um modo novo e incompreensível, tivéssemos deixado o chão firme deste nosso mundo. O canal é, sem dúvida, obra humana. Ele se estende por centenas de milhas; uma estrada e uma ferrovia correm em paralelo; no meio do caminho, não há nenhuma estação, placa ou marco. Sobre uma duna de areia, elevam-se dois imponentes obeliscos, um de frente para o outro: *1914 Défense du Canal*

---

[24] Fata Morgana é um efeito ótico tipicamente visto, desde o mar, em ilhas e costas. [N.T.]

de Suez 1918[25], em memória dos mortos da última guerra mundial. Ao vermos esse monumento, sentimo-nos estranhamente tocados: humildes e, ao mesmo tempo, orgulhosos. Ainda mais estranha, porém, ainda mais incompreensível, é a visão do deserto. Deslizar sobre as rodas d'água silenciosas, regulares, artificiais de um navio, navegando por entre margens de areia que passam mansamente, deslizar através desse mundo inato e infértil que se avizinha ao todo e se aparenta à inefável tristeza...

O grito de uma gaivota ou, de passagem, um barco de pescadores egípcios bastavam para me consolar. Eu também sabia, e tentava fazer disto uma imagem correta, que a oeste, a uma distância não muito grande, o Nilo banha um imenso vale há milênios. Eu me lembrava dos búfalos-d'água que puxavam o arado e dos diligentes felás — da beleza das filhas dos faraós enfeitadas de ouro. Mas quando entardecia, o sol deslizava pelo horizonte sem margens como um fogo celeste que consome tudo com suavidade, e então eu não me lembrava de mais nada. A viagem nunca teria um fim, nós nunca mais chegaríamos à costa, nunca mais poderíamos tocar o chão vivo, nunca mais respiraríamos o orvalho e o vento suave de uma manhã fresca!

Quando, por volta da meia-noite, nosso navio alcançou o longo muro portuário de Porto Said, um pequeno bote nos trouxe à terra, passando por uma verdadeira grinalda festiva, feita de luzes piscantes. No cais, o armazém de Simon Artz estava aberto, à espera dos estrangeiros. Nas ruas laterais, esperavam táxis, vendedores de cigarros, agentes de câmbio e carregadores.

---

25 Construído pelos franceses ao final da Primeira Guerra, o monumento comemora a defesa do canal de Suez (que havia sido inaugurado em 1869) contra o Exército turco. [N.T.]

O cabaré do Oriental Exchange Hotel já estava bem esvaziado; moças maquiadas haviam feito suas apresentações e bebiam em seus vestidos miseráveis, em companhia de velhos oficiais inchados. A orquestra tocava até as duas da manhã e dava o melhor de si. Às quatro horas os estabelecimentos estavam fechados, e a maioria dos turistas já havia retornado ao navio. Em tabernas tristemente iluminadas, marinheiros esgotados se apoiavam nos balcões e mandavam encher seus copos de uísque. Em becos isolados, garotos árabes perambulavam e faziam propostas a meia-voz, em rudimentos de francês e holandês. Um deles, por meio de truques, fazia passarinhos vivos aparecerem e ovos dançarem pela calçada, enquanto outro sussurrava maldosamente: "Damas de harém, belas fotografias, as sete verdadeiras pragas do Egito e danças". E, detrás de cortinas vermelhas iluminadas, de portões carcomidos e de escadas cheirando a mofo, meninas pintadas aguardavam em quartos iluminados, nuas sob seus quimonos de seda desgastados, esperando o amanhecer sem cor.

O navio enfeitado de lâmpadas brancas deslizava através do mar Mediterrâneo aberto diante de nós. Tomamos o caminho de casa. Porto Said ficou para trás, a noite foi superada. E deixo para trás oceanos, vias fluviais, montanhas, a imensidão da Índia. Eu esqueço as bordas do deserto, a passagem de Khyber, a imensa massa de estranhos. Eu esqueço, esqueço!

Nas primeiras horas do novo dia, sob o vento frio e forte que já alcança a costa do nosso lar, sim, nesse momento único, eu compreendo o arrependimento que retorna eternamente: o que nos comove desse modo é, toda vez, o brilho matinal da partida!

Luzerner Tagblatt, 21 de setembro de 1940

Ford em um vagão de trem em Airolo, Suíça, 25 de janeiro de 1940 (Annemarie Schwarzenbach).

Após o Afeganistão – despachos

Neutralidade afegã?

Em agosto de 1939, pouco antes da eclosão da guerra, a alemã Lufthansa interrompeu o serviço que prestava havia dois anos entre Teerã e Cabul. Não por conta de tensões políticas, assegurou o representante alemão em Teerã, o Sr. Smend, e sim pela epidemia de cólera que assolava o Afeganistão. Aliás, por que a Lufthansa deveria se importar especificamente com essa conexão de final de rota, utilizada apenas por alguns representantes comerciais, oficiais iranianos e afegãos e, ocasionalmente, por alguns cavalheiros alemães que não revelavam às claras quem os havia enviado a esses países asiáticos desamparados? O Dr. Schacht[26] visitara Teerã havia cerca de quatro anos, e as relações comerciais entre Alemanha e Irã eram satisfatórias. Um acordo comercial vinculando o subdesenvolvido Afeganistão a um "sistema de compensação" — o intercâmbio de produtos com a Alemanha fora estabelecido anteriormente em 1939. Produtos *made in Germany* — medicamentos, maquinário Siemens e Skoda e até canhões e armas Skoda —, acompanhados de especialistas e engenheiros alemães, foram despejados no Afeganistão via Índia britânica e sua famosa passagem de

---

26 Hjalmar Schacht (1877-1970l), presidente do Banco Central alemão (de 1922-1930 e 1933-1939) e ministro nazista da Economia (1934-1937), foi absolvido pelo Tribunal de Nuremberg. [N.E.]

Khyber. A rota Bagdá-Teerã-Cabul nunca se pagou e, até então, não tinha concorrência: The British Airways, Dutch KLM e Air France nunca alteraram sua rota de Bagdá, via golfo Pérsico e Karachi, ao Extremo Oriente. Ficou a cargo de alguns pioneiros e aventureiros alemães descobrir se o Extremo Oriente poderia ser acessado por um caminho mais curto com aviões modernos seguindo a antiga rota da seda: através do Irã, do Afeganistão, da cordilheira Pamir e da Ásia Central controlada por Rússia ou China. Em 1937, o piloto alemão Von Gablenz, que fez reconhecimento voando de Cabul através da Pamir, desapareceu com seu avião *Rudolph von Thüna* em Sinking (Turquestão chinês). Aviadores britânicos de bases indianas arriscaram suas vidas e o procuraram em vão. Após quatro semanas, Von Gablenz retornou a Cabul exausto, barbado e intacto. Declarou que não sabia se havia sido detido por chineses, japoneses ou russos — ou simplesmente por bandidos. Ele ouvira os aviões mandados para resgatá-lo, mas fora incapaz de fazer qualquer sinal, aprisionado em uma tenda, com seu *Rudolph von Thüna* camuflado sob folhagem.

Por sua vez, a Lufthansa em Cabul e Teerã renunciou à rota, admitindo que o serviço não era importante o suficiente. Ninguém mais deu atenção a que tipo de acordo entre a Rússia soviética e a Alemanha possibilitou que pilotos nazistas voassem ao longo de vias controladas pela Rússia até a Ásia Central. Em Teerã, o Sr. Smend, obviamente muito nervoso pelo fato de o cólera manter em solo os aviões da Lufthansa, me alertou sobre o fato de a fronteira entre Irã e Afeganistão estar fechada por conta da epidemia: se eu insistisse em chegar ao Afeganistão, teria de fazer um "desvio" através do Turquestão russo ou do Baluchistão e da Índia. Optei pelo caminho direto, encontrei uma adorável faixa de deserto na Terra de Ninguém sem um único caminhão — pois nenhum havia sido autorizado a vir do Afeganistão atingido pelo cólera para o Irã — e cheguei a Herat sã e salva. O único europeu vivendo dentro dos muros da esplêndida capital timúrida era um jovem engenheiro polonês mapeando estradas para o governo afegão. Ele esperava sua mulher, que estava cruzando a Rússia, de quem não tinha notícias havia seis semanas. Isso foi duas semanas antes do início da campanha polonesa.

Pelo jovem polonês fiquei sabendo que há cerca de cem anos, em 1837, um único britânico, o tenente Eldred Pottinger, em viagem pelo Afeganistão, organizara a defesa de Herat e a mantivera por seis meses contra a invasão do Exército persa. Os persas eram comandados por oficiais franceses, italianos e russos. Então os britânicos gradualmente perceberam que a *Drang nach Osten*[27] russa tinha de ser parada em Herat, no Turquestão afegão, aos pés do Indocuche — se quisessem que a Índia britânica estivesse a salvo. O Afeganistão, ao entrar na área de tensão da política global, percebeu que era uma fortaleza montanhosa natural e um tampão entre a Índia e as planícies do Turquestão, entre o Império Britânico e o Império Russo. Se permanecesse uma "Suíça asiática" neutra, estaria seguro e seria independente graças à sua condição natural. Isso valeu ao longo do século XIX. Nunca esteve em questão desde então. Na verdade, já não valia mais na Primeira Guerra Mundial. Agentes turcos e alemães tentaram agitar as tribos afegãs fronteiriças, muçulmanos fanáticos, convencendo-os de uma "guerra santa" contra a Índia

27 Em alemão no original, "pulsão pelo Leste", expressão dos séculos XIX e XX para se referir à disposição nacionalista alemã de expansão em direção ao Leste Europeu com intuito colonizador. A expansão alemã ao Leste Europeu de fato se deu na Idade Média, quando foram estabelecidos assentamentos alemães em diferentes pontos da região. Durante o regime nazista, a ideia se tornou política central de aquisição de suposto espaço vital [*Lenbensraum*] para a população considerada alemã. [N.E.]

britânica. O mais famoso entre os agentes alemães, o cavalheiro Oskar von Niedermayer, aprendeu com os métodos do coronel Lawrence[28], mas não foi tão bem-sucedido. O emir afegão Habiboullah (pai de Amamoulllah) era esperto o suficiente para entender que, entre seus dois grandes vizinhos, a Rússia aliada e a Grã-Bretanha, não podia dar-se ao luxo de intrigas com uma terceira potência. Manteve-se leal à Grã-Bretanha. Porém, essa lealdade teve tão pouco a ver com neutralidade verdadeira e desinteressada quanto a atitude de pequenos países europeus nessa guerra: caso seus interesses estejam de um lado, e se saiba, não se é neutro nem deveria fingi-lo.

Quando eclodiu a Segunda Guerra Mundial, os alemães eram, de longe, a colônia estrangeira mais poderosa no Afeganistão. A alemã Siemens estava construindo Pol-e Khomri, a primeira usina elétrica nas montanhas Indocuche. Engenheiros alemães assumiram os trabalhos da Skoda em Cabul e forneciam canhões para a fortificação de Cabul e a estrada do Indocuche (que saía de Cabul em direção ao norte, ao Turquestão afegão, à fronteira russa e à estação ferroviária russa em Amu Dária, em Termez). Um grupo de cerca de dez tchecos — antigos engenheiros da Skoda desempregados pelos alemães —, sem passaporte nem dinheiro, queria se alistar na "legião tcheca" na França e dirigiu-se à delegação francesa, a seu representante oficial, sem obter resposta nem ajuda do ministro. De todo modo, alemães não eram populares no Afeganistão. O escritório da Lufthansa foi extinto sem alarde. Quando os empregados alemães da solitária Pol-e Khomri precisaram de atendimento médico, o governo de Cabul indicou o Dr. Perlman, um refugiado judeu alemão. Os nazistas de Pol-e Khomri o recusaram, ir-

---

28 T. E. Lawrence (1888-1935), arqueólogo, oficial do Exército e diplomata inglês, mais conhecido como Lawrence da Arábia. [N.E.]

ritados. O governo de Cabul decidiu enviar um médico alemão que tinha um emprego de primeira classe em Cabul e repassar seu posto ao Dr. Perlman. Perlman ficou contentíssimo. Recusando-se a ir a Pol-e Khomri assolada pela malária, o médico alemão foi para a Índia, onde acabou internado em um campo britânico.

Enquanto isso, um solitário avião russo ainda cruzava a cordilheira Pamir e o Indocuche uma vez por semana, voando de Tasquante a Cabul. Os afegãos não se importavam muito com os alemães, animados que estavam com as notícias da invasão da Finlândia pela Rússia, não temiam nada dessa guerra, exceto uma invasão da Índia pela Rússia, que significaria uma invasão do Turquestão afegão. Trata-se de uma província pobre — uma planície indefesa —, mas, através de suas faixas meio desérticas, um exército russo alcançaria Herat e a estrada do Indocuche, dando no desfiladeiro de Khyber, o portão da Índia.

Estava claro, quando deixei o Afeganistão em dezembro de 1939, que esse país necessitava do apoio do exército britânico da Índia para poder resistir à clássica ameaça russa. Uma pergunta que não chegou a ser feita pode ser importante agora.

Se um dia a Índia britânica se tornar independente, se então houver um conflito entre o Congresso controlado principalmente pelos hindus e o norte da Índia muçulmana, e se então os muçulmanos do norte da Índia, e antes de todas as tribos pachtuns da "Província da Fronteira Noroeste" — primas das tribos da fronteira afegã —, rompessem com Delhi e com o "governo nacional indiano" e se voltassem para Cabul, como agiria o Afeganistão?[29]

---

29 A Índia, de fato, logo viria a tornar-se independente, em 1947, após 190 anos de domínio inglês, a princípio por meio da Companhia das Índias Orientais. A Índia colonial foi dividida, com a criação do Paquistão na porção noroeste, majoritariamente muçulmana. [N.E.]

Sem dúvida, o Afeganistão "neutro", sem o apoio de um exército britânico da Índia forte, teria de se render à Rússia soviética. Sob pressão russa e talvez com sua ajuda, prosseguiria para a conquista de partes da Índia através de Khyber, que, pouco mais de um século antes, era governada pela dinastia afegã Durrani?

A "ameaça russa" à Índia e as "questões de fronteira" da Grã-Bretanha (defesa da fronteira noroeste da Índia) nunca deixaram de ser um problema da maior importância. A Grã-Bretanha acreditou tê-lo resolvido apoiando um Afeganistão independente como Estado-tampão. A Rússia soviética, hoje, está pronta para aproveitar a nova situação, envolvendo seu parceiro clássico em uma nova briga? Ou a Rússia soviética, na configuração desse confronto, foi simplesmente empurrada pelo novo inimigo da Grã-Bretanha?

Dilema e delícia turca

Em 1933, em Ancara, conheci Kemal Pasha por ocasião do Dia Nacional turco, 29 de outubro. Eu o observei com curiosidade e fiquei fascinada pela expressão solene de seu rosto pálido, pelo olhar distante, quase gelado, de seus olhos de um azul-metálico, enquanto ele bebia champanhe com rapidez, levantando as taças vazias com um gesto discreto de gentil camaradagem a seus convidados favoritos, os oficiais da delegação russa. Eles se esforçavam para acompanhar o número de taças, respondiam a seus brindes com um coro de vozes ríspidas e frases como "boas-vindas à Turquia, vida longa a nossos grandes comandantes Stálin e Kemal, Rússia para sempre, estamos prontos a morrer por você, nosso líder", mas logo desistiam e paravam de beber. Kemal Pasha olhava para eles sem sorrir, então se dirigia a seu chefe, um coronel de cavalaria, segurava seus cabelos grisalhos, forçando-o a dobrar-se para trás, e, com seriedade, despejava uma última taça cheia de champagne na boca semiaberta do russo, que parecia menos bêbado que aterrorizado, e engolia obediente e custosamente.

Nessa época, eu não sabia quase nada a respeito da nova república turca, exceto que ela havia sido fundada depois da Primeira Guerra após uma série de vitórias rápidas e surpreendentes sob a liderança de um jovem general conhecido como "O Lobo Cinza", e que o ímpeto de Kemal Pasha e o renascimento de uma nação das cinzas do derrotado Império Otomano causaram profunda impressão nos diplomatas das potências imperialistas europeias, que costumavam tratar a Turquia, em linguagem profissional, como "doente do Bósforo" e a pensar nela como um paciente desprovido de força de vontade, um impasse e uma barreira entre a ativa e determinada Europa e a passiva Ásia. Porém, um paciente a não ser negligenciado, pois, combinando um sultanato débil e um califado ainda respeitado em todo o mundo islâmico, a Turquia otomana era um elo importante entre as potências europeias e suas áreas de atuação no Oriente Próximo e Médio.

Em 1933, a jovem e renascida Turquia, em seu tremendo esforço para um "progresso oriental", claramente seguiu bem mais o exemplo da vizinha Rússia soviética do que os métodos e meios ocidentais. Concordo nisso com europeus que encontrei em Ancara e Istambul — diplomatas, médicos, engenheiros, professores universitários e conselheiros técnicos —, mas continuei em dúvida quanto à sua conclusão reconfortante: que era irrelevante as crianças turcas aprenderem escotismo e escovação de dentes com bolcheviques ou com ocidentais altamente civilizados, considerando que a União Soviética havia renunciado às ambições imperialistas da Rússia tzarista e estava fora da disputa pelo controle dos estreitos de Bósforo e Dardanelos, do petróleo de Mossul e do sul da Pérsia, da ferrovia de Bagdá e do canal de Suez. Eu questionava mais além, se a nação turca realmente se resignaria à passividade oriental depois da morte de Kemal Pasha, pois, de acordo com meus amigos europeus, o "renascimento nacional turco" era ficção, e sua duração dependia totalmente da vitalidade de Kemal, de sua imaginação e vontade.

Muitos europeus empregados pelo governo turco e devidamente pagos por seu trabalho ainda guardavam alguma mágoa, sabendo que agora eram indispensáveis, pelo difícil trabalho pioneiro de construir o arcabouço de um Estado moderno em um país pobre, negligenciado e semiabandonado, em que faltavam experiência técnica, conhecimento científico, organização econômica e estrutura social, e descartado da História nos últimos duzentos anos. Ainda assim, construir uma nova Turquia pode significar sacrificar os melhores anos de suas carreiras, eles seriam impiedosamente dispensados por seus empregadores tão logo uma nova geração de turcos estivesse suficientemente treinada para assumir suas funções.

Quando retornei à Turquia em 1939, a maior parte dos meus amigos europeus havia partido, tendo sido substituída por nativos. Kemal Pasha estava morto. Um jovem engenheiro turco me disse: "Nosso novo presidente, Ismet Pasha, é, acima de tudo, um soldado, como o era nosso herói Atatürk". Ele trabalhava em uma seção da estrada que parte de Trebizonda, porto do mar Negro, através do planalto solitário de Erzurum e dos pés do Ararate até a fronteira do Irã. Essa "estrada internacional", explicou, chegaria até uma rodovia e uma ferrovia já em construção levando a Tabriz e Teerã, uma ligação direta entre o Irã e o mar Negro, o Mediterrâneo e a Europa. O comércio que se desenvolvia rapidamente no Irã progressista estaria então livre da escolha fatal entre usar a rota comercial russa pelo mar Cáspio até Baku ou as caras rotas controladas pela Grã-Bretanha, através do Iraque e do deserto sírio, e contornar o golfo Pérsico e o mar Vermelho até o Mediterrâneo.

Nos mapas disponíveis nos clubes automobilísticos europeus, encontrei essa "estrada internacional" bem sinalizada em vermelho, com duas vias, de Trieste na Itália e de Budapeste na Hungria até Zagreb na Iugoslávia, seguindo tranquila rumo a Belgrado e à capital da Bulgária, Sófia, a Edirne e a Istambul na Turquia, e se estendendo bravamente ao longo da clássica rota da seda, de Trebizonda em direção à Pérsia e à Ásia Central. Mas, a caminho com meu Ford emplacado na Suíça, nos Bálcãs só encontrei um trecho completo dessa estrada após Belgrado, de cerca de sessenta milhas. Na Bulgária, a seta vermelha dos mapas se revelou em passagens montanhesas estreitas e estradas empoeiradas e não pavimentadas. Na Turquia europeia, a estrada, ao menos, estava em construção, e, fazendo cinco milhas por hora em um caminho marginal, tive tempo suficiente para observar a habilidade de engenheiros responsáveis, a energia alegre de trabalhadores fortes e de aparência saudável e a velocidade notável, quase frenética, com que faziam o trabalho.

Um trecho de 161 quilômetros da estrada, chegando a Istambul, estava perfeito. Mas mesmo a solitária e ainda incompleta rota comercial do mar Negro através do altiplano de Erzurum até Tabriz no Irã se provou melhor do que qualquer estrada balcânica em que havia dirigido.

Em 1939, fui detida em um vilarejo turco onde havia parado para fotografar um ninho de cegonha no topo de um minarete. Na delegacia de polícia, levei horas para descobrir o que me imputavam: achavam que eu fosse uma espiã alemã, pois o policial encarregado não estava familiarizado com selos de automóveis da Suíça. Em Bayazid, perto da fronteira da Turquia com a Rússia e o Irã, engenheiros de estradas me contaram que a nova rota comercial seria uma ligação entre os Bálcãs europeus e o Irã asiático, mas que também teria uma importância estratégica. Possibilitaria aos soviéticos despejarem tropas ou material do Cáucaso para a Anatólia. (Perto de Bayazid, aos pés do Ararate nevado, vi os trilhos negligenciados e carcomidos pelo tempo e as máquinas enferrujadas da ferrovia construída pelos russos na Primeira Guerra Mundial.)

"Construíram estradas primeiro no Irã, pois o Irã é repleto de petróleo", contaram-me, "embora não tenhamos petróleo na Turquia, temos carvão. Assim começamos com a construção de ferrovias. Se um dia tivermos de lançar nosso Exército contra a Trácia ou a Grécia, mesmo as melhores estradas não serviriam sem gasolina suficiente — ao passo que nossas ferrovias serão eficientes em qualquer caso. Mas agora também construímos rodovias. Logo teremos uma rede de comunicação que nos permitirá convocar nosso Exército sem demora — o Expresso Taurus, a prolongação do Expresso do Oriente de Istambul a Alepo, na Síria, será conectado à nossa ferrovia interna de Istambul a Ancara, Sivas e Erzurum — e Erzurum, no coração das nossas terras altas isoladas, será conectado pela nova estrada às ferrovias da Síria e do Iraque, ao mar Negro e ao Bósforo, ao Irã, ao Afeganistão e ao Turquestão, e à vizinha Rússia."

A Turquia, sem dúvida, não se considerava um país asiático, embora Atatürk tenha transferido a capital da antiga Constantinopla, o "portão entre Ocidente e Oriente", para Ancara, um vilarejo remoto na Anatólia, e a Turquia tenha hoje somente um pequeno território no lado europeu do Bósforo — suficiente apenas para lembrá-la de seu passado glorioso, quando, sob Solimão, o Magnífico, exércitos turcos lutavam na Pérsia distante e, ao mesmo tempo, ameaçavam os portões da Viena imperial. A maior parte da Turquia asiática, península da Ásia Menor, não é uma ponte entre dois continentes, mas prova de que a Europa, em si, é apenas uma península da Eurásia e, como a África é mantida e controlada por potências europeias, a Europa é simplesmente parte de um enorme complexo de três continentes.

Na edição da *The Nation* de 19 de outubro de 1940, Albert Viton, em seu artigo "O Império pode salvar a Grã-Bretanha?", aponta que "o colapso da França teve um forte efeito em Atenas e Ancara", que "as esperanças de reconstrução do front francês mediterrâneo estavam, desde o princípio, condenadas à decepção". O artigo diz ainda que "a maioria dos povos mediterrânicos se deu conta por completo de que a vitória do Eixo vaticinaria sua escravidão", e que, "infelizmente, Ancara tem de estar atenta não só a Berlim, como também a Moscou".

Parecia indicar que a Turquia, como todos os outros países mediterrâneos, tem seus interesses ao lado da Grã-Bretanha e que a ordem eurasiana, que evita que uma única potência da Europa continental controle toda a Europa e assim fatalmente marche para o Oriente Médio, cercando a Turquia e a escravizando. A Turquia, porém, na disputa entre a Alemanha nazista e o Império Britânico, estaria limitada por outro fator: sua dependência da Rússia. O papel e a importância da Turquia nessa guerra seriam, portanto, determinados pelo destino da União Soviética.

A Turquia, assim, seria de interesse para o futuro mundial exclusivamente em conjunto com a Rússia soviética e apenas como um satélite da política dela.

Um mês depois, em 28 de novembro, um correspondente do *The New York Times*, o Sr. Gedye, telefonou de Istambul para a sede dizendo que a entrada da Turquia na guerra havia sido protelada como resultado de seu fortalecimento face à agressão do Eixo no Oriente Próximo.

Agora ficou claro que o enviado de Hitler a Ancara, o Sr. Von Papen, não obteria nenhuma garantia de não interferência da Turquia nos Bálcãs, especialmente na campanha da Grécia, mesmo prometendo a Ancara um território ou da Síria ou do Iraque como prêmio — pois, naturalmente, o Eixo vitorioso que deveria controlar o petróleo de Mosul e do sul do Irã, assim como os meios de comunicação da Europa para o Oriente Próximo e Médio, a Índia e a Ásia Central, e o lago interno entre Europa e África, isto é, o Mediterrâneo. O possível ganho da Turquia em tal situação, portanto, seria irrisório ou nulo.

Porém, se a atitude da Rússia após a viagem de Molotov a Berlim e o conturbado papel da Turquia constituíram uma pequena derrota para Hitler, isso permanece em segredo.

A delícia turca é fruto de seus esforços desde a primeira vitória de Kemal Pasha Atatürk: o "doente do Bósforo" hoje se tornou uma conexão bem vivaz entre combater a Europa sangrando e os países emergentes da Ásia. Agora o dilema turco é saber se amanhã terá de lutar por sua independência no futuro ou se, sem a garantia da concorrência Grã-Bretanha-Rússia, poderá se dar ao luxo de esperar sem que o país se arrisque a ser escravizado pela passividade e pela fraqueza da Rússia e pela ofensiva alemã nos Bálcãs e no Oriente Próximo.

Seria um equívoco completo deduzir, a partir dessas circunstâncias, que as ações ou omissões turcas estarão alinhadas com as decisões russas — mas é fato que as decisões de Ancara dependem de como a Rússia irá agir ou não. Caso a Rússia ainda tenha interesses vitais e força suficiente para defendê-los, um dia terá de se opor aos objetivos da Alemanha de trocar a *commonwealth* da Inglaterra e seu equilíbrio de poder resultante pela ditadura unilateral de uma potência (germânica) governando nações escravizadas, povos escravizados e um mundo de escravos empobrecidos e desarmados. Assim, a visita de Molotov à capital de Hitler teria sido não apenas infrutífera, como também um evidente revés para os nazistas. E, neste caso, os interesses da Turquia estariam, naturalmente, ao lado da Rússia.

Contudo, se a Rússia se mantiver como um elemento quieto e passivo — ainda que a explicação para essa atitude autodestrutiva nunca seja dada —, então os russos farão, conscientemente ou não, o jogo de Hitler e fortalecerão a posição dos nazistas dos Bálcãs a Pamir e aos portões da Índia.

Considerando o silêncio tanto de Berlim quanto de Moscou sobre o resultado das conversas com Molotov, bem como os eventos recentes na Romênia, impiedosamente estimulados, comandados e explorados por Hitler, parece cada vez mais claro que a Rússia soviética não tem como agir.

Não significa, no entanto, a passividade da Turquia também, que assim ajudaria o Eixo em sua, até o momento, pouco eficaz campanha balcânica. Pois um fato é notório: os interesses da Turquia independente estão alinhados com as esperanças da Grã-Bretanha de restabelecer uma ordem de equilíbrio, na qual Eurásia e África possam construir seu futuro.

Caso a Rússia se mostre débil, ou aja apenas para servir mais a Hitler que às suas próprias demandas vitais, então a Turquia terá de agir. E agirá, certamente, ao lado da Inglaterra e da Grécia.

Posfácio

"Minha existência desterrada na
distância e na aventura"¹

*"Que seja inútil / essa viagem. Inútil e essencial."*²

Fabio Pusterla

I

"Então, no dia 31 [de dezembro de 1938], Ella Maillart veio me visitar [...]. Eu me senti viva e descobri um eco tão inesperado, uma conexão tão direta, uma comunhão de vitalidade e pensamento tão clara que fiquei tranquila e animada: eu não estava no caminho errado."³ Com essas palavras, anuncia-se o início de

1 Annemarie Schwarzenbach (A.S.), "Diário". Datilografado [transcrição parcial do original perdido, provavelmente por Ella Maillart (E.M.), 27-28 ago. 1939-7 jan. 1940], Cabul, entrada de 30 set. [1939]. Fotocópia em posse de Roger Perret. In: A.S., E.M. e Nicolas Bouvier, *Unsterbliches Blau: Reisen nach Afghanistan/Bleu immortel: Voyages en Afghanistan* [Azul imortal: Viagens ao Afeganistão]. Ed. e posf. Roger Perret. Zurique/Genebra: Scheidegger & Spiess/Editions Zoé, 2003, p. 146.

2 Do poema "Zwei Ufer" (traduzido do italiano por Michael von Killisch-Horn). Citado a partir de "Das Feld beginnt über den Dächern: Lyrik und Prosa der lateinischen Schweiz". *Metaphorá: Zeitschrift für Literatur und Übertragung*, n. 3-4, p. 167, out. 1998.

3 Carta para Alfred Wolkenberg, Yverdon, 4 jan. 1939. Em posse de Roger Perret.

um dos empreendimentos mais inusitados de duas mulheres na história cultural suíça do século XX. A autora dessas linhas, Annemarie Schwarzenbach, estava, à época, em uma clínica em Yverdon, passando por um tratamento de desintoxicação. Ela havia conhecido pessoalmente a escritora de viagens genebrina Ella "Kini" Maillart em Zurique, no início do outono de 1938. Maillart havia recebido reconhecimento internacional por suas viagens aventureiras à Ásia, as quais relatava em textos e fotografias[4]. Schwarzenbach também desfrutava de certo reconhecimento na Suíça por seus artigos e reportagens fotográficas de viagens pela Europa, pela Ásia e pelos Estados Unidos[5]. Ambas eram pioneiras em seu campo e se incluíam entre as representantes de uma nova geração de mulheres independentes e destemidas. Pode-se dizer com segurança: Annemarie Schwarzenbach e Ella Maillart estavam no auge de suas carreiras no final da década de 1930.

Quando Annemarie Schwarzenbach deixou a clínica de Yverdon no final de fevereiro de 1939, retornou à sua casa em Sils im Engadin. Ali ocorreu o segundo encontro com Ella Maillart, quando nasceu a ideia de uma viagem conjunta para o Afeganistão. O desejo de Maillart de revisitar o país, que ela já havia percorrido de ônibus em 1937, havia falhado devido à falta de

---

[4] Cf. E.M., *Parmi la jeunesse russe: De Moscou au Caucase* [Em meio à juventude russa: De Moscou ao Cáucaso]. Paris: Editeurs Fasquelle, 1932; *Des monts célestes aux sables rouges* [Das montanhas celestiais aos desertos vermelhos]. Paris: Editions Bernard Grasset, 1934; e *Oasis interdites: De Pékin au Cachemire* [Oásis proibidos: De Beijing a Caxemira]. Paris: Editions Bernard Grasset, 1937.

[5] Cf. A.S., *Auf der Schattenseite: Ausgewählte Reportagen, Feuilletons und Fotografien 1933-1942* [No lado sombrio: Reportagens selecionadas, feuilletons e fotografias, 1933-1942]. Ed. Regina Dieterle e Roger Perret, posf. Regina Dieterle. Basileia: Lenos Verlag, 1990; e *Jenseits von New York: Ausgewählte Reportagen, Feuilletons, Briefe und Fotografien aus den USA 1936-1938* [Além de Nova York: Reportagens selecionadas, feuilletons, cartas e fotografias dos EUA, 1936-1938]. Ed. Roger Perret. Basileia: Lenos Verlag, 2018.

recursos financeiros e de um veículo adequado à árdua jornada. Schwarzenbach, então, pediu a seu pai um carro novo – um Ford –, o que atendia ao menos uma das condições para realizar o plano: "Um Ford! É com esse carro que se deve dirigir na nova estrada Hazarajat no Afeganistão! Aliás, também a Pérsia deve ser atravessada em um carro próprio".[6]

Mas, antes de começar os preparativos para a viagem, era preciso considerar cuidadosamente os prós e os contras de tal empreitada conjunta, imensamente desafiadora tanto do ponto de vista físico quanto mental. Será que Annemarie Schwarzenbach, que mal se havia recuperado da desintoxicação de vários meses e da escrita exaustiva de um livro[7], seria capaz de suportar uma jornada tão exigente? Seria Ella Maillart capaz de suportar uma companheira de viagem[8] atormentada por catástrofes pessoais e políticas? Sobretudo ela, que havia muito não viajava com outra mulher, diferentemente de Schwarzen-

---

[6] E.M., *Der bittere Weg: Mit Annemarie Schwarzenbach unterwegs nach Afghanistan* [O caminho cruel: Com Annemarie Schwarzenbach rumo ao Afeganistão]. Trad. do inglês Carl Bach, posf. Brigitta Kaufmann. Basileia: Lenos Verlag, 2021, p. 12.

[7] A.S. esteve na Clínica Bellevue em Yverdon de meados de outubro de 1938 até o final de fevereiro de 1939. Em dezembro de 1938, ela começou a reescrever o manuscrito *Morte na Pérsia* (1935/1936). Cf. carta para Alfred Wolkenberg, op. cit.: "O trabalho é tão exigente que me fez perder muitos quilos imediatamente, e eu não queria comer nem dormir – os médicos quase me proibiram de usar a escrivaninha". No outono de 1939 (o livro apresenta 1940 como a data de publicação), a nova versão foi publicada sob o título de *O vale feliz*.

[8] A.S. teve de visitar clínicas em Samedan, Kreuzlingen e Yverdon quatro vezes em um ano – em março, maio, julho/agosto e outubro de 1938 a fevereiro de 1939 – para fazer tratamento de desintoxicação de drogas. É impressionante que os problemas de dependência de A.S. tenham piorado, e sua depressão, aumentado, após desastres políticos, como a invasão alemã da Áustria em março de 1938 ou o desmantelamento da Tchecoslováquia desde setembro de 1938, ou após visitas a esses países associadas a tarefas jornalísticas.

bach[9]? E quanto aos amigos que a aconselhavam a não fazer essa viagem[10]?

Apesar dessas preocupações, Ella Maillart se deixou cativar – assim como tantos outros – pela personalidade e pelo carisma de Annemarie Schwarzenbach[11]. Depois que a mais jovem expressou sua admiração pela destemida e corajosa "Kini" em uma resenha[12], o amor por viajar, o anseio pela vastidão da Ásia e um certo desejo por descobertas superaram as diferenças de caráter e visão de mundo. Até a mãe de Annemarie, Renée – que não era exatamente entusiasta do estilo de vida e dos planos pouco convencionais e, muitas vezes, arriscados da filha – argumentou em prol da empreitada: "Caso realmente queira continuar exercendo sua profissão, é preciso que você seja capaz de assumir alguns riscos. E uma oportunidade como essa, de viajar

9 Em 1937-38, A.S. fez duas viagens pelos Estados Unidos com a jornalista e fotógrafa americana Barbara Wright, e as relatou em textos e fotografias.

10 Cf. E.M., *Der bittere Weg*, p. 23: "Durante os dias em Londres, fiquei com Irene, que havia conhecido Christina [A.S.] em Teerã em 1935. Ela achava imprudente levar tal companheira de viagem – profetizou que nunca chegaríamos a Cabul, nem mesmo à Pérsia".

11 Cf. E.M., *Croisières et caravanes* [Cruzeiros e caravanas]. Paris: Editions du Seuil, 1951, p. 172: "Ela era um ser nobre, com um charme cativante. Até agora, sua forte personalidade, tão lamentavelmente dividida, sempre havia conseguido impor sua vontade aos amigos que procuravam provocá-la e guiá-la de volta à vida normal. Mas, certa de que não cairia sob sua influência, senti-me capaz de ter sucesso onde outros haviam falhado". Ver também a carta de E.M. para Ria Hackin, Peshawar, 22 fev. 1940: "Eu a amo fraternalmente, não sentimentalmente como você". Fotocópia em posse de Roger Perret.

12 Sob o título de "Eine Schweizerin reitet durch verbotenes Land" [Uma suíça cavalga através de uma terra proibida], A.S. fez uma resenha da tradução alemã (*Verbotene Reise: Von Peking nach Kaschmir*. Berlim: Rowohlt, 1938) do livro de E.M., *Oasis interdites* em *Annabelle* (n. 11, 2 jan. 1939). Ver também A.S., "Tagebuch", Cabul, entrada de 30 ago. [1939]: "Posso admirar Ella até a ponto do entusiasmo e me sentir envergonhada. Mas não posso simplesmente imitá-la, somos muito diferentes". In: A.S., E.M. e Nicolas Bouvier, op. cit., p. 10. Entrada de 2 set. [1939]: "Ella é uma companheira extremamente gentil, preocupada interiormente comigo e determinada a me ajudar desde o primeiro dia, mas não tem nenhuma ternura, nosso relacionamento é estranho e duro para mim".

com a senhorita Maillart, não surgirá com frequência – talvez apenas uma vez"[13].

II

Nenhuma das tantas viagens de Annemarie Schwarzenbach foi tão profissional e perfeitamente preparada como essa para o Afeganistão. O foco estava na escolha do carro. Após diversas consultas, optou-se por um Ford Roadster Deluxe, de 18 cavalos de potência. Ele foi especialmente equipado para exigências extremas em uma oficina de Zurique. Além disso, a motorista entusiasta Annemarie Schwarzenbach foi iniciada nos segredos técnicos de seu novo carro provavelmente em uma oficina de Engadin, já que pequenos reparos em áreas remotas teriam de ser feitos por ela mesma. Além da preocupação com o automóvel e com a rota pretendida, também deveriam ser obtidos mapas adequados, carteiras de habilitação e demais autorizações burocráticas. Aliás, durante a viagem, elas veriam que, sem o passaporte diplomático de Schwarzenbach, alguns obstáculos seriam insuperáveis.

O equipamento para as atividades jornalísticas da viagem ocupou muito espaço no carro. Máquinas de escrever, máquinas fotográficas, uma câmera filmadora e inúmeros filmes foram empacotados. Para tornar a viagem financeiramente possível, as duas mulheres celebraram um contrato com a agência de imprensa e fotografia Wehrle, de Zurique, que lhes pagou um adiantamento de mil francos. Annemarie Schwarzenbach também recebeu adiantamentos da editora Morgarten para um

---

13 Carta n. 2 para E.M., 12 mar. [na verdade, abr.][19]39, *Todos os caminhos estão abertos: viagem ao Afeganistão 1939/1940*. Edição comemorativa. Ed. e posf. Roger Perret. Basileia: Lenos Verlag, 2021, p. 247.

livro sobre a jornada, bem como da Zürcher Illustrierten e da Weltwoche, para as quais havia trabalhado antes. Em maio de 1939, elas foram a Paris, Londres e Berlim. Lá visitaram museus, consulados, editoras, sociedades geográficas, etc., e falaram com inúmeros especialistas para obter informações adicionais sobre a escolha da rota, a cultura e a política dos países que queriam visitar.

As duas também refletiram intensamente sobre o sentido e o propósito da ida ao Afeganistão.

Com essa viagem, Annemarie Schwarzenbach desejava retomar o controle de sua vida, que havia saído dos trilhos em 1938, e estruturá-la melhor ao ter um objetivo claramente definido. Também tratou a exaustiva viagem como oportunidade para se manter longe das seduções da morfina, sob os cuidados da moralmente íntegra Ella Maillart. Se ficasse na Suíça, o ciclo de depressões e melhoras através da ingestão de drogas começaria novamente devido à falta de uma tarefa que ocupasse sua vida e a satisfizesse. Por isso, ela definitivamente não entendia a viagem como uma "fuga", mas como uma "necessidade"[14].

Ella Maillart viajava apenas "quando é absolutamente necessário para mim, quando não posso agir de outra maneira"[15], seu interesse nessa jornada era, sobretudo, etnológico. Pretendia pesquisar costumes e tradições do Nuristão, uma região afegã remota e culturalmente única. Assim como sua companheira, também concebia a empreitada como um caminho para o au-

---

14 Carta n. 1 para E.M., domingo de Páscoa [9 abr.] 1939, p. 240f.: "Se esta viagem fosse uma fuga, um experimento, um risco. Não, é uma simples necessidade. [...] Tenho de me desapegar de mim mesma, me deixar ser dominada por outro mundo, ver, aprender, entender", idem, p. 247.

15 Citado em A.S., "Verbotene Reise" [Viagem proibida] (resenha da tradução alemã do livro de E.M. *Oasis interdites*), manuscrito, [s.d.] [dez. 1938]. Fotocópia em posse de Roger Perret.

toconhecimento, que passaria pelo encontro e pela pesquisa de comportamentos e formas de pensar estrangeiros.[16] Não há dúvida de que ambas as mulheres eram fascinadas pelo Afeganistão porque viam esse país arcaico, culturalmente bastante autônomo e politicamente independente como muito distante da Europa, com seu clima politicamente incerto. O desgosto com vários aspectos negativos da civilização ocidental intensificou o anseio por uma vida mais originária e nômade no Afeganistão.

Annemarie Schwarzenbach, experiente em viagens, e Ella Maillart, que não havia feito muito alarde de suas aventuras anteriores, também concordavam que, desta vez, não estavam "em busca de aventuras, mas de um respiro, em países nos quais as leis de nossa civilização ainda não vigiam e nos quais esperávamos ter a experiência única de que essas leis não fossem trágicas, não fossem inevitáveis, não fossem imutáveis, não fossem indispensáveis"[17]. Que o projeto tenha, em parte, fracassado se deveu aos desdobramentos políticos, bem como à relação particular entre as duas mulheres: Annemarie Schwarzenbach, vulnerável e viciada em drogas, acabou sendo uma expressão da Europa política e moralmente dilacerada da qual Ella Maillart queria escapar.

---

[16] Ver E.M., *Croisières et caravanes*, p. 172: "Não apenas nós duas amamos viajar, como cada uma de nós chegou à mesma conclusão por si mesma: o caos que nos rodeia depende do caos dentro de nós. E é somente pondo esse caos em ordem que podemos descobrir por que queremos viver. Assim, queríamos conhecer a nós mesmas enquanto estudávamos o mundo e as populações que serviriam de objeto de nossos artigos de jornal".

[17] A.S., "Mobilisiert in Kabul...". In: *Auf der Schattenseite*, p. 225.

III

Em 6 de junho de 1939, elas partiram de Genebra em seu carro. A divisão de tarefas que haviam decidido antes da partida funcionou mais ou menos sem problemas durante a jornada. Na maior parte do tempo, Annemarie Schwarzenbach, uma excelente motorista, estava ao volante, "já que o carro era responsabilidade sua".[18] Também era sua tarefa tirar a maior parte das fotografias, que deviam ser reunidas e compartilhadas para que Ella Maillart pudesse usá-las para ilustrar o livro de viagem que planejava[19].

Enquanto Schwarzenbach se concentrava na fotografia, Maillart operava a filmadora.[20] O fato de as duas mulheres

---

18 E.M., *Der bittere Weg*, p. 30.

19 Carta de E.M. para Anita Forrer, Sri Ramana Asram, Tiruvannamalai, sul da Índia, 17 ago. 1943: "Nossas fotos deveriam ser reunidas em uma propriedade comum: apenas assim eu poderia trabalhar tranquilamente com o cinema, sabendo que poderia contar com as imagens de Annemarie para a ilustração do meu livro (e sabíamos que os nossos livros seriam publicados em países diferentes)". Fotocópia em posse do editor. Relatórios fotográficos sobre a viagem ao Afeganistão com imagens de A.S. e E.M. foram publicados em revistas como a *Zürcher Illustrierten* e *Sie und Er*. Ver também as notas 13 e 14 na carta n. 1 para E.M., domingo de Páscoa [9 abr.] 1939, p. 275, e a nota 4 na carta n. 6 para Arnold Kübler, 21 nov. 1939, p. 279. No entanto, em seu livro sobre essa viagem, intitulado *The Cruel Way*, que foi publicado em 1947, E.M. não incluiu nenhuma foto de A.S. Ela teve de recorrer ao uso de fotos de sua viagem anterior ao Afeganistão em 1937, já que não tinha imagens adequadas para ilustração, embora esse processo de seleção não seja explicado no livro.

20 Ver o comentário de Regina Dieterle sobre a exibição do filme mudo colorido de E.M. *On an Adventurous Journey Through Iran and Afghanistan* [Sobre a viagem aventureira através do Irã e do Afeganistão] (com trechos adicionais do filme em preto e branco sobre a viagem ao Afeganistão), Xenia, Zurique, 14-17 maio 1998: "O filme é um experimento. Uma tentativa, na verdade. Porque a Agfa estava prestes a lançar no mercado filmes coloridos para câmeras de cinema em 1939, e assim Ella Maillart foi convidada a experimentar esses filmes na viagem. Desse modo, Ella Maillart, que, é claro, acumulava anos de experiência como fotógrafa, tornou-se uma pioneira do cinema. Os preciosos rolos de filme que ela levou na viagem duraram apenas três minutos cada. Cenas longas não podiam ser filmadas com eles. As mudanças rápidas de imagem e os cortes frequentes são notáveis. [...]

compartilharem a mesma perspectiva sobre esse trabalho é evidenciado a partir de uma comparação: alguns assuntos nas fotografias de Schwarzenbach são notavelmente semelhantes a certas sequências nos filmes de Maillart, sugerindo que foram capturados a partir de um mesmo ponto de vista. A maravilha da tecnologia – o Ford – aparece repetidamente como um tema, retratado contra paisagens simples, cercado e admirado pelos habitantes locais, como se o carro tivesse vindo de outro planeta. Aliás, as viajantes cuidavam dele e o mantinham como se ele fosse um parceiro humano, e explorar as possibilidades técnicas do veículo parecia quase tão importante quanto descobrir paisagens externas e internas.

Por outro lado, suas vidas privadas e os retratos que elas faziam uma da outra são apenas marginalmente abordados, quase sempre de modo casual. Isso indica uma atitude profissional que tinha como objetivo explorar fotos e filmes no sentido de documentar o estrangeiro em vez de elas próprias.

No final de julho, cruzaram a fronteira entre o Irã e o Afeganistão. Apesar de pequenas dificuldades em superarem a rota norte de Herat para Cabul, devem ter sido as primeiras mulheres a percorrê-la de carro, chegando a Cabul no final de agosto, "às margens do mundo habitado".[21] Antes, conforme planejado, visitaram a Délégation Archéologique Française en Afghanistan (Dafa) em Begram, pois Ella Maillart conhecia o diretor Joseph Hackin e sua esposa, Ria.

Em todo caso, ela levou os materiais fílmicos com ela para a Índia, onde eles foram revelados, e as partes individuais de três minutos, conectadas". Citado em manuscrito. Fotocópia em posse do editor. E.M. exibiu esses filmes várias vezes na Índia em 1940 e após seu retorno à Europa, e usou o dinheiro arrecadado das exibições para se sustentar. Certas sequências de filme também sugerem que A.S. pode ter segurado a câmera algumas vezes.

21 Ver a carta n. 6 para Arnold Kübler, 21 nov. 1939, edição comemorativa de *Todos os caminhos estão abertos*, p. 257.

Nesse país de orientação muçulmana, as viajantes sem véu causavam grande agitação, já que, com exceção das nômades, as mulheres se cobriam com véu e, na maior parte dos casos, se tornavam invisíveis. "Como vocês vivem à sombra do chador?"[22], perguntavam as duas europeias emancipadas, sem obter uma resposta satisfatória. A impressionante hospitalidade dos afegãos mantinha a questão de gênero em segundo plano. Embora houvesse sinais de uma lisura notável naquele país – como a rejeição do dinheiro como um sinal de gratidão –, Schwarzenbach teve de admitir: "Nem na Turquia, nem na Pérsia, nem nos países caucasianos da Rússia soviética senti como algo tão amargo e devastador a invasão visível e tangível de um novo estilo de vida tecnológico quanto no Afeganistão."[23] Será que elas estavam cientes de que empregavam os meios técnicos mais avançados para descrever e documentar um modo de vida ainda primitivo e natural? Essa tecnologia também não era um produto daquela civilização ocidental, cuja influência na Ásia Central elas viam com grande preocupação?

Com o advento da Segunda Guerra em 1º de setembro de 1939, a política havia irremediavelmente chegado até mesmo ao "tão remoto e isolado"[24] Afeganistão. Embora Schwarzenbach ainda pudesse participar de escavações com a Dafa até novembro, Maillart teve de desistir de sua passagem pelo Nuristão. Especialmente para Annemarie Schwarzenbach, uma antifascista convicta, certos prenúncios da guerra na Europa não passaram despercebidos durante a viagem. Encontros com alemães

---

[22] A.S., "O chador", idem, p. 108.
[23] A.S., "Afeganistão". Manuscrito, 15 mar. [1940]. Propriedade do arquivo de A.S., Arquivos Literários Suíços, Berna. Fotocópia de Roger Perret. In: A.S., E.M. e Nicolas Bouvier, op. cit., p. 144.
[24] Ibid., p. 151.

pró-nazistas reforçaram seus pressentimentos sombrios. Em Cabul, essas suspeitas se tornaram realidade, bem como uma ameaça pessoal: "Agora todos fomos atingidos. E percebo uma grande diferença entre o terrível papel de Hitler e a sombra de Deus sobre nós".[25] Também a sombra da dependência química a perseguiu até a capital – desesperada com o anúncio da guerra, enfraquecida pela doença e tomada por um amor feroz por Ria Hackin, ela não pôde mais resistir à tentação do vício. Ella Maillart viu isso como uma quebra do pacto feito com a amiga antes da viagem. Ao mesmo tempo, culpou-se por falhar em seu papel de protetora. Moralmente acuada, Schwarzenbach sentiu-se ainda mais sobrecarregada pelos conselhos bem-intencionados dos mais velhos. Maillart admitiu mais tarde que sua preocupação com a amiga psicologicamente instável havia tirado o encanto da viagem[26].

Quanto mais a política dominava a vida cotidiana em Cabul, mais se tornavam evidentes as diferenças na visão das duas mulheres sobre esse assunto, que haviam surgido antes da viagem[27]. Ella Maillart, influenciada por ideais hindus e budistas, estava convencida de que a purificação interior é um pré-requisito para a perigosa confrontação com o caos do mun-

---

25 A.S., "Tagebuch", entrada de 3 set. [1939].

26 Cf. E.M., *Der bittere Weg*, p. 35: "Viajar não tinha mais a mesma magia para mim como antes. Estranhamente, o mundo agora me parecia menos real do que aquele que molda nossa vida interior. A obsessão, que para minha companheira era o mesmo do que um tormento, era tão impiedosa que afetava cada um dos meus pensamentos".

27 Cf. Carta de A.S. para E.M., Yverdon, Clinique Bellevue, 24 nov. 1938: "Eu disse a mim mesma que sua suposta falta de interesse pela política é apenas um mal-entendido entre nós: não definimos a noção de 'política' – para mim, é simplesmente o vasto domínio da vida de hoje e dos eventos dos quais não podemos separar nossas vidas pessoais. Assim alguém passa a exercer sua imaginação, a perceber as coisas, a tornar-se consciente – então aceitará que não há separação possível, nenhuma reserva a ser feita entre uma vida privada e a 'vida'". Fotocópia de propriedade de Roger Perret.

do exterior: "Por que se lançar a uma casa em chamas – em vez de meditar sobre modos de buscar socorro?"[28]. Em resposta à declaração de Maillart, Annemarie Schwarzenbach se perguntou: "Perseguir a felicidade humana em algum lugar no vale de Hunza enquanto meus irmãos, tão inocentes quanto eu, morrem uma morte anônima?"[29]. A conclusão a que ela chegou foi: o infortúnio de seus semelhantes, especialmente quando ocorre em grande escala como em uma guerra, impede qualquer reivindicação de felicidade pessoal. Essa solidariedade extrema com os impotentes e as vítimas só se torna compreensível à luz da concepção de Schwarzenbach do trágico como um elemento essencial da existência: "Continuo achando a dor, a luta, a tensão, o confronto, a agitação interior os elementos mais próprios da vida"[30].

Sob efeito dos acontecimentos na Europa, Annemarie Schwarzenbach escreveu vários artigos a respeito da situação política na Ásia Central após o início da guerra, nos quais manifestava o temor – de modo profético – de uma invasão russa ao Afeganistão e descrevia o país como um "centro nervoso sensível da política mundial".[31] Vê-se, assim, que, apesar de todas as adversidades pessoais, ela manteve seu interesse por questões políticas e sociais, mesmo no "mais remoto país estrangeiro".

Seu estado oscilante entre engajamento e apatia levou a um certo afastamento de Ella Maillart em Cabul. Como tinham ideias diferentes quanto ao futuro próximo, elas se separaram em outubro. Annemarie Schwarzenbach foi para o Turquestão,

28 Citado em A.S., "Tagebuch", entrada de 30 ago. [1939].
29 Ibid.
30 A.S., "Tagebuch", entrada de 2 set. [1939].
31 A.S., "Afeganistão". Manuscrito, 15 mar. [1940]. Propriedade do arquivo de A.S., Arquivos Literários Suíços, Berna. Fotocópia de propriedade do editor. In: A.S., E.M. e Nicolas Bouvier, op. cit., p. 144.

no norte do Afeganistão, onde teve experiências traumáticas e catárticas. Maillart viajou para o sul da Índia no final de outubro, onde se dedicou à meditação sob a orientação do sábio Ramana Maharshi. Após retornar a Cabul em novembro, Schwarzenbach julgou que "os tempos de vida pacífica e isolada [...] acabaram. Quero voltar para a Suíça, não para me esconder, mas para participar do que é a nossa vida".[32] Antes de embarcar num navio em Bombaim de volta para a Europa, no início de janeiro de 1940, houve um último encontro com Ella Maillart.

Durante a viagem de volta de quase um mês, Annemarie Schwarzenbach passou em revista sua viagem e a cada dia escreveu um novo artigo. Em casa, na Suíça, voltou imediatamente à atividade jornalística. Isso se mostrou mais difícil do que o esperado, pois o tema dominante da guerra afetou negativamente o interesse público por essa viagem que, em comparação, soava demasiado exótica. No entanto, Annemarie Schwarzenbach conseguiu publicar numerosos artigos, suplementos de viagem e fotorreportagens. Além de ministrar uma palestra em uma sociedade geográfica, ela também falou no rádio sobre suas experiências no Afeganistão[33].

Insatisfeita com o trabalho de sua agência de imprensa durante a viagem, Schwarzenbach tentou negociar diretamente com importantes jornais e revistas, agenciando também a pu-

---

32 Ver carta n. 6 para Arnold Kübler, 21 nov. 1939, edição comemorativa de *Todos os caminhos estão abertos*, p. 259.

33 A.S. proferiu uma palestra em abril de 1940 na Sociedade Geográfica e Comercial do Leste Suíço, em St. Gallen, e falou por vinte minutos no Radiostudio de Zurique. Cf. A.S., "Aus dem heutigen Afghanistan: Abdruck aus den Mitteilungen der Ostschweizerischen Geographisch-Kommerziellen Gesellschaft in St. Gallen, Jahrgang 1938/39" [Do Afeganistão contemporâneo: Reimpresso a partir de comunicação realizada na Sociedade Geográfica e Comercial do Leste Suíço, em St. Gallen, 1938-39]. Frauenfeld, Huber, 1940 (= *Offprint*); "Afghanistan: Die Schweiz Asiens" [Afeganistão: A Suíça da Ásia]. *Schweizer Radio-Zeitung*, n. 17, 27 abr. 1940.

blicação dos artigos e fotografias de Maillart. No entanto, como os textos em prosa que foram criados em Cabul para a coleção As quarenta colunas da memória[34] não correspondiam à imagem que se fazia dos relatos de viagem típicos e não puderam ser usados em um livro de texto e imagem sobre a viagem, a publicação pretendida pelo editora Morgarten não se concretizou.

A publicação do relato de viagem de Ella Maillart também levou muito tempo. Devido à morte inesperada de Annemarie Schwarzenbach em 1942, Maillart recebeu com grande atraso os papéis de sua amiga – tão importantes para a escrita de seu texto. Quando ela retornou da Índia à Suíça com o manuscrito concluído em sua mala após o fim da guerra, Renée Schwarzenbach, mãe de Annemarie, pediu para ver o texto. Somente após a eliminação de algumas passagens menores que lançavam uma luz desfavorável sobre o comportamento da mãe e a adoção do pseudônimo "Christina" para a amiga falecida, ela pôde publicar o livro na Inglaterra em 1947[35]. O título ambíguo da edição original, The Cruel Way, assim como o da tradução francesa, La Voie cruelle, refletia uma declaração que Ella Maillart havia feito sobre a natureza específica de sua empreitada conjunta em um estágio inicial do texto: "A journey which for us was more

---

[34] A.S., *Les Quarante Colonnes du souvenir/Die vierzig Säulen der Erinnerung*. Trad. do alemão Dominique Laure Miermont, pref. Nicole Le Bris. Noville-sur-Mehaigne: Esperluète Editions, 2008.

[35] Ver E.M., *The Cruel Way*. Londres: William Heinemann, 1947. O texto de E.M. foi anteriormente intitulado *The Double Journey* [A dupla viagem]. Além das mudanças mencionadas feitas para a publicação de *The Cruel Way*, o nome da localidade teve de ser substituído de Sils por Silvaplana, e o livro de A.S. *Das glückliche Tal* não pôde ser mencionado ou listado na bibliografia como originalmente planejado. O pseudônimo "Christina" só foi revelado na nova edição de *La Voie cruelle* publicada em Lausanne em 1987.

psychological than geographical" [uma jornada que, para nós, era mais psicológica do que geográfica][36].

A verdadeira aventura da viagem foi a – difícil – relação entre essas mulheres de temperamentos tão diferentes.

IV

"Viajar para se tornar apátrida."[37]

Henri Michaux

Vida e viagem. Viagem e escrita. Escrita e vida. Durante a viagem para o Afeganistão, uma não podia mais ser claramente destacada da outra.

No Afeganistão, Annemarie Schwarzenbach descobriu uma espécie de terra incognita com paisagens arcaicas. Poupado de muitos dos males da civilização ocidental, esse país sempre enfeitiçou viajantes[38]. Distinto de tudo o que é familiar, esse lugar era ideal para o encontro das duas mulheres consigo mesmas, algo que tanto desejavam. Com efeito: "O oriente era o deserto, a infinita solidão do nascer do sol, a espinhosa estepe da refle-

---

36 Ver a carta de E.M. para Anita Forrer, Sri Ramana Asram, Tiruvannamalai, sul da Índia, 17 ago. 1943, conforme nota 19.

37 Citado a partir de Henri Michaux, *Ecuador: Reisetagebuch*. Graz/Viena: Literaturverlag Droschl, 1994, p. 158.

38 Entre as publicações de viajantes anteriores ao Afeganistão, destaca-se o livro *The Road to Oxiana*, do escritor inglês Robert Byron (1905-1941). Ele serviu de base e inspiração para E.M. e A.S., bem como para outros que visitaram o Afeganistão, como Bruce Chatwin (1940-1989) (ver, entre outros, seu texto "A Lament for Afghanistan" [in: *What Am I Doing Here*. Nova York: Viking Penguin, 1989], p. 286-93). Após a Segunda Guerra Mundial, o conhecido escritor suíço Nicolas Bouvier (1929-1998) descreveu uma viagem ao Afeganistão em seu livro *L'Usage du monde*, publicado em Genebra em 1963. Ver também o livro de fotos e texto de A.S., E.M. e Nicolas Bouvier, *Unsterbliches Blau: Reisen nach Afghanistan*.

xão"³⁹. E, ainda assim, no Afeganistão Schwarzenbach se sentia estranhamente próxima à sua própria pátria: devido à paisagem montanhosa comparável ao nosso país, à posição geográfica (sem acesso ao mar, cercado por Estados vizinhos poderosos), à independência política e ao multilinguismo, o Afeganistão é frequentemente chamado de "Suíça da Ásia". Também por esse motivo, esse país a lembrou das "visões de infância de uma ampla e magnífica terra visitada pelos anjos de Deus"⁴⁰.

O conceito que Annemarie Schwarzenbach fazia do que é viajar, algo que ela havia elaborado durante suas incursões anteriores ao Oriente Médio e à Pérsia, assumiu características novas e mais radicais por conta do projeto, física e psiquicamente desafiador, que foi a ida ao Afeganistão. Viajar era interpretado por ela como uma forma especialmente intensa de vida – "uma representação concentrada de nossa existência" – que, ao contrário de nossas empreitadas turísticas atuais, não é uma "libertação da rotina", mas algo, "na realidade, impiedosa"⁴¹. O objetivo é descobrir "quais de nossos hábitos, tão protetores e tão cegantes, ainda possuem valor real"⁴². Sempre retornar e sempre voltar a dizer adeus são elementos fundamentais do estar constantemente em movimento. A partida, às vezes dolorosa, também pode ser uma "celebração" porque permite abandonar coisas desagradáveis e derrubar pontes confortáveis demais. A coragem de "ver horizontes vazios", de seguir as promessas do "azul imortal da mesquita Goharshad"⁴³ em Herat e o de outras

39 A.S., "Nach Westen" [Rumo ao oeste]. In: *Auf der Schattenseite*, p. 256.
40 A.S., "Afeganistão". Manuscrito, 15 mar. [1940], cf. nota 23.
41 Ver, nesta edição, o capítulo "A estepe", p. 47. Ver também a carta n. 8 para E.M., 3 dez. 1939, p. 264: "Odeio fazer *sightseeing* como um turista".
42 A.S., "Tagebuch", entrada de 30 ago. [1939].
43 Ver, nesta edição, o capítulo "Terra de ninguém: entre a Pérsia e o Afeganistão", p. 61.

mesquitas na Ásia Central, conecta os motivos de Schwarzenbach com as motivações de outros viajantes da Ásia.

No entanto, antes de partir para o Afeganistão, ela se perguntou: "Why do we leave this loveliest country in the world? What urges us to go east on desert roads?" [Por que deixamos este país, que é o mais bonito do mundo? O que nos impele a ir para o leste pelas estradas do deserto?]⁴⁴. Ela mesma respondeu: "O anseio pelo absoluto, provavelmente, é a real motivação de todo verdadeiro viajante"⁴⁵. No Turquestão afegão, Annemarie Schwarzenbach irá encontrar esse absoluto em todo o seu mistério. Ela havia viajado para lá em outubro de 1939 com arqueólogos franceses para, naquela área inóspita e climaticamente extremada, se libertar do domínio que as drogas exerciam sobre ela. A "cura do lombo do cavalo" funcionou, mas foi acompanhada por experiências apocalípticas: "Uma angústia revoltante, um medo revoltante, nenhuma resposta"⁴⁶. A estada e o vagar no deserto do Turquestão se tornam uma exploração da aridez, dos espaços vazios no interior da paisagem. Uma vez mais, em meio a essa reclusão e a esse radical retorno a si mesma, as fronteiras entre realidade e ilusão parecem se confundir.

44 A.S., Legenda da fotografia "Última hora na Suíça: Parada em Simplon", jun. 1939. Acervo Annemarie Schwarzenbach, Arquivos Literários Suíços, Berna. In: A.S., E.M. e Nicolas Bouvier, op. cit., p. 14.
45 A.S., "Afghanistan". Tiposcrito [maio 1940]. Acervo Annemarie Schwarzenbach, Arquivos Literários Suíços, Berna. In: A.S., E.M. e Nicolas Bouvier, op. cit., p. 200.
46 A.S., "Tagebuch", entrada de 30 out. [1939]. Ver também A.S., "Turquestão, dias esquecidos", edição comemorativa de *Todos os caminhos estão abertos*, p. 94, 96: "Não havia nascer do sol nem estrelas sobre aquela terra, e andávamos como se Deus tivesse nos esquecido. Nenhuma oração mais foi dita! – Para quê? [...] O NADA tornou-se tão grande quanto o céu". E ainda: A.S., "A noite de inverno". In: *Les Quarante Colonnes du souvenir*, p. 151: "As horas da noite passam como lobos famintos sobre o mundo silencioso, quase sem respirar".

Não é por acaso que a autora alude à Divina comédia de Dante durante essa jornada[47]. Ela se vê como uma errante inquieta, de um inferno a outro, talvez esperando alcançar o purgatório e até mesmo o paraíso através da autoexploração e da autoflagelação. Pois isso que ela entendia como imaginação e memória de um "litoral da infância, a terra prometida"[48], é o germe da contínua partida: esse "anseio pelo absoluto". E quanto mais o absoluto se esconde nas estepes e desertos, mais forte é seu efeito. O plano de fundo mítico – a "terra prometida" – é adornado por Annemarie Schwarzenbach em seu "exílio no Turquestão" com imagens de paisagens arcadianas que se assemelham, de modo tocante, às paisagens de sua infância em Bocken. Assim, no estrangeiro extremo, a imagem onírica do anseio quase adquire traços familiares.

A autora relata várias vezes sentir lhe faltar a linguagem – tanto frente à guerra iminente do lado de dentro quanto do distante lado de fora[49]. Ao mesmo tempo, ela sabe que é apenas o falar e o escrever que podem deter a rigidez que se assemelha à da morte[50]. Mas como dissipar as dúvidas sobre a linguagem?[51] E descrever eventos traumáticos e complicados? Não

[47] Ver, nesta edição, os capítulos "A estepe", p. 47; e "Três vezes no Indocuche", p. 81.

[48] Ver, nesta edição, o capítulo "Cihil Sutun", p. 153.

[49] Ver A.S., "A noite de inverno", p. 151, 155: "Esta terra, às vezes, tem gestos de silêncio que me apertam a garganta! [...] Estou sozinha, o céu gira. O que é isso que me deixa sem palavras?".

[50] A.S., "Turquestão, dias esquecidos": "Basta que levantemos nossa voz e a graça desta terra transborda". E ainda: A.S., "Tagebuch", entrada de 30 ago. [1939]: "Realmente, só vivo quando escrevo".

[51] Ver, nesta edição, o capítulo "Cihil Sutun", p. 153 e ss.: "Também me parecia óbvio que eu jamais voltaria a ter na mão uma pena e escrever em uma folha de papel. Essa profissão me parecia demasiado penosa, uma constante imagem refletida de nossa existência jamais redimida, a qual eu não queria mais aceitar nem suportar. A cada nova manhã, a cada novo dia, voltar a deparar com o mundo

deveria um relato sobre isso refletir a alienação que leva à perda de si, os movimentos apaixonados de busca que repetidamente conduzem ao nada? Não deveriam as paisagens e emoções monumentais e penetrantes ser retratadas como expressões de uma incerteza e um vazio que tudo abrangem? Não deveria a imensidão da vastidão asiática corresponder à do papel branco? Criando assim uma espécie de "Ásia da escrita"? Será que os componentes do novo conceito de viagem, como condensação e concentração de experiências, também não poderiam ser empregados na escrita? O ato de escrever como um reflexo do viajar errante?

A autora aborda apenas parcialmente essas questões, mesmo nos melhores textos desta edição, como "O monte Ararate", "A estepe", "Três vezes no Indocuche", "O vilarejo vizinho", "Turquestão, dias esquecidos", "A margem do Oxus" ou "Cihil Sutun" (seus artigos de orientação político-social não pertencem a essa temática). Ela estava ciente de que, ao escrever as obras mencionadas, principalmente aquelas em As quarenta colunas da memória, ela retomava experiências de escrita anteriores[52]. Acima de tudo, os textos da seleção mencionada padecem da "honestidade absoluta" que Schwarzenbach entendia como uma virtude. Desse modo, o martírio próprio é mais pateticamente declamado do que analiticamente retratado. No entanto, as obras

indiferente, tocá-lo e arrancar do coração combalido uma palavra que fosse – e saber: isso não tem duração, esse é o momento da despedida, já esquecido". E ainda: A.S., "Der Lataband". Tiposcrito, 17 jan. 1940. Acervo Annemarie Schwarzenbach, Arquivos Literários Suíços, Berna: "E este concerto de palavras: para quê?".

52 Ver carta para Charly Clerc, Sils-Baselgia, 7 abr. 1940: "'*Das Gluckliche Tal*' [...] não é nada além do que o relato de experiências pessoais e dolorosas [...]. Eu não poderia escrever de outra maneira, não poderia fazer concessão alguma, pensar em estilo ou em narrativa, mas apenas mergulhar em uma concentração e sinceridade absolutas. [...] Neste momento, eu deveria estar preparando um livro com fotos da viagem [...]. E encontro em meu esforço e em cada página terminada o mesmo ritmo, o mesmo estilo perigoso". Fotocópia em posse de Roger Perret.

contêm descrições inesquecíveis de paisagens que vibram através do olhar apaixonado de sua autora. E elas confirmam que o sofrimento e a paixão são inseparáveis na obra de Annemarie Schwarzenbach, impulsionando e permeando suas criações[53].

Em "Três vezes no Indocuche", a autora demonstra de forma impressionante o entrelaçamento mágico entre linguagem e viagem. Nomes são habilmente reunidos como contas em um colar, tornando impossível distinguir entre memórias de lugares visitados e sua evocação linguística. O "sentido dos nomes" – seu "som" e sua "cor" – revela-se como uma outra realidade, uma realidade misteriosa. Por outro lado, os nomes só liberam seu verdadeiro poder quando sua magia é sentida "no próprio corpo" e no encontro com aquilo que eles denotam. Nesse contexto, impõe-se a seguinte definição: um relato de viagem só é convincente quando a própria linguagem se transforma em viagem.

Annemarie Schwarzenbach acertadamente não queria que textos como "O monte Ararate" e "Cihil Sutun" fossem entendidos como artigos ou descrições de viagem. Com seu gesto linguístico elegíaco-lírico, poderíamos descrevê-los como protótipos dos melancólicos poemas em prosa como "Os caminhos ternos, nossa solidão" (1940)[54] ou "Marc" (1942)[55], que dominam as obras literárias posteriores de Schwarzenbach. E, uma vez que sua vida consistiu sobretudo em viagens, e que vida e via-

---

53 Ver carta para E.M., Sils, 24 fev. 1940: "Acredito que o sofrimento (e não a 'catástrofe') é a própria condição de tudo o que eu poderia fazer com a minha vida ou com o meu talento". Fotocópia em posse de Roger Perret.

54 A.S., "Die zärtlichen Wege, unsere Einsamkeit". In: *Schwarzenbach-Projekt*. Ed. Uta Fleischmann. Oldenburg: Isensee, 2012, p. 5-14.

55 A.S., *Afrikanische Schriften: Reportagen – Lyrik – Autobiographisches. Mit dem Erstdruck von "Marc"* [Escritos africanos: Reportagens – Poesia – Textos autobiográficos. Com a primeira publicação de "Marc"]. Ed. Sofie Decock, Walter Fähnders e Uta Schaffers. Zurique: Chronos, 2012 (= Schweizer Texte. Neue Folge 36), p. 227-79.

gem estavam sob o feitiço da escrita, ela tratou adequadamente a representação poética de suas impressões no Afeganistão como "talvez o único resultado dessa viagem"[56].

Uma "viajante incurável"[57] – alguém que não podia fazer nada além de "querer escrever a qualquer custo"[58].

Roger Perret[59]

---

56 Em carta n. 9 para Otto Kleiber, 20 dez. 1939.
57 A.S., "Afghanistan". Tiposcrito [maio 1940], cf. nota 45.
58 Carta para Alfred Wolkenberg, Yverdon, 4 jan. 1939, em posse de Roger Perret.
59 Perret (Zurique, 1950) estudou filosofia, crítica literária e estudos comparados. Dedica-se especialmente à divulgação de outsiders da literatura suíça. [N.E.]

Glossário

ADIS ABEBA: capital da Etiópia, localizada a mais de mil quilômetros de Massaua, Adis Abeba foi tomada por tropas italianas em 1936 e anexada à África Oriental Italiana — colônia africana da Itália fascista entre 1936 e 1941. A colônia, cuja capital era Adis Abeba, englobava os atuais territórios da Etiópia, da Eritreia e de parte da Somália. O estreito de Babelmândebe, entre o golfo de Áden e o mar Vermelho, era controlado pelos impérios Britânico (a partir da Somália Inglesa) e Francês (a partir da Somália Francesa, atual Djibuti). Em agosto de 1940, alguns meses depois da passagem da autora pela região, o Exército italiano ocuparia o território inglês, o qual seria reconquistado em 1941.

BÁCTRIA: região histórica ao norte do Indocuche, que tomava trechos do território hoje pertencente ao Afeganistão, ao Tajiquistão e ao Uzbequistão. O Tocaristão é uma designação comum para a área central da Báctria. A região foi anexada ao Império Persa por Ciro, o Grande (século VI a.C.), mais tarde incorporada ao Império Macedônico de Alexandre, o Grande (século IV a.C.), mas atingiu seu ápice no século III a.C., quando a Báctria declarou sua independência, formando o Reino

Greco-Báctrio (c. 256-125 a.C.), cuja expansão deu origem ao Reino Indo-Grego, que existiu até cerca do ano 10 d.C.

CAFIRISTÃO: região historicamente habitada por seguidores de uma variante animista do hinduísmo, mas convertida ao islamismo em 1895. A partir de então, deixa de se chamar Cafiristão ("terra dos infiéis", em persa) para se denominar Nuristão ("terra da iluminação" ou "da luz"). É o cenário da novela *O homem que queria ser rei*, publicada em 1888 por Rudyard Kipling. *Die Reise nach Kafiristan* [A viagem ao Cafiristão] (2001) é o nome do filme dirigido por Donatello Dubini e Fosco Dubini a respeito dessa viagem de Annemarie e Ella.

CASTELO DE BAYAZID: o nome, atribuído ao complexo no século XVI, se origina, provavelmente, do sultão otomano Bāyazīd I (1389-1403), ou ainda do irmão do sultão Aḥmad (1382-1410), o príncipe Bāyazīd. Em sua história recente, Bayazid foi ocupada pelos russos por curtos períodos em 1828, 1854, 1877 e 1914, sofrendo danos a cada ocupação.

CHAIKHANA: casa de chá típica da Ásia Central (*Shayhana* no Cazaquistão, *Chaykhana* no Quirguistão, *Choyxona* no Uzbequistão).

CUCHANA: o Império Cuchana dominou parte do território do Afeganistão entre o primeiro e o quarto séculos da era cristã. Os altares de fogo, evocados no livro em referência a um rei cuchana, eram típicos tanto no zoroastrismo quanto na religião védica. Sendo os Cuchana um povo sincrético, reuniam uma variedade de divindades e rituais, preservados, sobretudo, em suas moedas.

GONBAD-E QĀBUS: torre erigida em 1006-7 pelo líder Ziyārid Qābus Ibn Voshmgīr (que reinou entre 978 e 1012) para que fosse seu mausoléu. Com 53 metros de altura, Gonbad-e Qābus foi reconhecida em 2012 pela Unesco como patrimônio da humanidade. Fica a cerca de quinhentos quilômetros a nordeste de Teerã, na província iraniana do Golestão.

HADRAMAUTE: reino antigo, cujos relatos remontam ao século VII a.C., localizado no atual Iêmen. Corresponde, no Antigo Testamento, a Hazar-Mavé (Gen, 10, 26; 1Cr, 1, 10).

HAKIM: título honorífico atribuído a sábios, também usado para indicar o médico ou o curandeiro, ou ainda o administrador de certo território em países islâmicos.

HAZARA: etnia oriunda de Hazarajat (região montanhosa do planalto central afegão, na extremidade oeste do Indocuche), com idioma próprio (o hazaragi, muito similar ao dari, uma das duas línguas oficiais do Afeganistão). Atualmente, é o terceiro maior grupo étnico do país, com cerca de 4 milhões de habitantes.

HERAT: ainda hoje, a terceira mais populosa cidade afegã, com mais de 400 mil habitantes. A fundação da cidade remonta a tempos imemoriais, tendo pertencido ao Primeiro Império Persa (Império Aquemênida, 550-330 a.C.); foi conquistada por Alexandre, o Grande, em 330 a.C. Mais tarde, Herat foi a capital do reino fundado por Timur-i-Lenk (1336-1405), mais conhecido, em português, pela versão turcomena de seu nome: Tamerlão.

JAMRUD: o forte de Jamrud está localizado na entrada da estrada paquistanesa que leva à portela de Khyber (portanto, logo na saída da cidade paquistanesa de Pexauar). A fortificação do século XIX foi incluída pela Unesco na lista dos patrimônios da humanidade.

KANDAHAR: cidade ao sul do Afeganistão, foi fundada por Alexandre, o Grande, em 330 a.C. nas imediações da antiga cidade de Mundigak (hoje um sítio arqueológico datado de 3000 a.C.), e se encontra a cem quilômetros da fronteira com o Paquistão. Com mais 450 mil habitantes, é a segunda maior cidade afegã, atrás apenas da capital, Cabul (em que habitam cerca de 4 milhões de pessoas).

KIPFELS: massa fermentada assada, de formato similar ao de croissant, de origem provavelmente vienense (século XVII). Também é conhecida na Alemanha como *hörnchen* [chifrinho].

MAMUDE DE GÁSNI: Iamim Aldaulá Abde Alcacim Mamude ibne Sebuqueteguim (971-1030) reinou de 998 até sua morte. Foi o primeiro sultão da dinastia.

MARIA TERESA: a imperatriz Maria Teresa da Áustria (1717-1780), única mulher regente (1740-1780) da casa Habsburgo, governou boa parte da Europa Central e do Leste, e, por casamento, também o Sacro Império Romano-Germânico ao lado do marido, Francisco I. Além de José II e Leopoldo II, seus sucessores, foi mãe de Maria Antonieta da França e avó da imperatriz Maria Leopoldina do Brasil.

MESQUITA GOHARSHAD: localizada em Mexede, Irã, a mesquita Goharshad foi encomendada em 1418 por Goharshad (?-1457), esposa do xá Rukh (1377-1447).

MEXEDE: também grafada Maxad, Meched ou Mashhad, trata-se da capital da província do Coração Razavi, no Irã, hoje com uma população de mais de 3 milhões de habitantes. Abriga o célebre mausoléu de Abū l-Hasan ʿAlī ibn Mūsā ar-Ridā — também denominado Ali Reza —, oitavo imã dos xiitas duodecimanos; é frequentemente tratada como a "capital espiritual do Irã".

MIRABE: nas mesquitas, o mirabe é uma reentrância ou nicho instalado nas paredes voltadas em direção a Meca. É ali que se situa o imã durante as orações.

Nader Xá: Nadir Schah Afschar (1688-1747), ou Nader Xá Afshar, foi um dos mais importantes imperadores e conquistadores da Pérsia, tendo reinado entre 1736 até sua morte. Durante esse período, a Pérsia se estendia do Cáucaso ao rio Indo (no atual Paquistão), tendo o golfo Pérsico como sua fronteira ao sul.

Pachto: ao lado do dari (ou persa afegão), o pachto é a língua oficial do atual Afeganistão, também falada por uma minoria no vizinho Paquistão. Mas, antes, é o grupo etnolinguístico irânico que forma provavelmente 60% da demografia afegã (cerca de 15 milhões de pessoas) — não há um censo no Afeganistão desde 1979 —, além de 15% dos habitantes do Paquistão (cerca de 32 milhões). O termo também ocorre em português como "pastó".

Pendiques: Pendik é uma antiga cidade grega nas imediações de Istambul, hoje a ela integrada como distrito. Foi conquistada no século XI pelo Império Seljúcida, que se estendeu da Turquia até os territórios dos atuais Cazaquistão, Turcomenistão, Uzbequistão e Afeganistão.

Rainha de Sabá: segundo o Antigo Testamento (Primeiro Livro dos Reis, 10, 1-13; Segundo Livro das Crônicas, 9, 1-12), a rainha de Sabá – importante reino imprecisamente localizado no Iêmen ou na Etiópia – teria visitado o rei Salomão por volta do século 10 a.C. Nos Evangelhos de Mateus (12, 42) e Lucas (11, 31), ela é referida como a rainha do Sul.

Raki: bebida alcoólica típica da Turquia, geralmente destilada de uva e aromatizada com anis. Sua gradação de álcool varia entre 40% e 50%.

Rei Amanullah: Amanullah Khan (1892-1960) foi emir (1919-26) e rei (1926-29) do Afeganistão. Seu projeto de modernização do país passou pela instauração do Reino do Afeganistão em 1926, em substituição ao antigo emirado. Seu reinado sofreu severa resistência, e ele foi deposto em 1929, para morrer em 1960 no exílio em Zurique.

Rota da Seda: lendária rede de estradas que ligava o extremo Oriente ao Cairo e a Constantinopla, através do norte do Afeganistão, do Irã e de outros países da Ásia Central. Inicialmente construída pela dinastia Han, da China, suas conexões se mantiveram ativas desde o século II a.C. até, pelo menos, o século XVIII da era cristã. Em 2014, um longo trecho de 5 mil quilômetros, desde a China Central até o Quirguistão, passando pelo Cazaquistão, foi declarado patrimônio da humanidade pela Unesco.

Samarcanda: cidade do Uzbequistão, fundada entre os séculos VIII e VII a.C. À época do Império Aquemênida (c. 550-330 a.C.) — o primeiro Império Persa —, chegou a ser capital de uma de suas províncias (Sogdiana). Mais tarde, foi conquistada por Alexandre, o Grande, por iranianos, turcos e Genghis Khan (em 1220). Foi ainda a capital da República Socialista Soviética Uzbeque entre 1930 e 1935.

Solimão: Solimão I, o Magnífico, ou o Legislador (1494-1566), foi califa do Islã e sultão do Império Otomano de 1520 até sua morte. Seu reinado coincide com o apogeu militar, político e econômico do império. Solimão liderou os exércitos que conquistaram Belgrado, Rodes, a maior parte da Hungria, e que fizeram o cerco a Viena de 1529. Anexou boa parte do Oriente Médio (recebeu refugiados judeus expulsos da Península Ibérica em 1492) e do norte da África, com sua Marinha otomana tendo o domínio do Mediterrâneo, do mar Vermelho e do golfo Pérsico. Além do sucesso militar, era visto como um soberano correto e foi patrono de artistas e filósofos.

SULTÃO SABUKTIGIN: Abu Mansur Sabuktigin (c. 942-997), fundador da dinastia Gasnévida.

TASHQURGHAN: cidade hoje denominada Kholm (ou Cholm), onde se localiza o palácio de Bagh-e-Jahan, construído entre 1890 e 1892 pelo emir Abdur Rahman.

TEKE-TURCOMENOS: os Teke formam um numeroso povo no Turcomenistão, com população atual de mais de 1,5 milhão de pessoas.

TIMUR: império muçulmano sunita de ascendência turco-mongol cujos domínios se estenderam pela Ásia Central, incluindo os atuais Irã, Afeganistão e Paquistão e partes do Iraque e do Turquestão. Foi fundado por Tamerlão (Timur) no século XIV (a dinastia dos Timúridas vigeu entre 1370 e 1507) e adotou a cultura e a língua persas. Suas principais cidades eram Herat e Samarcanda. A arquitetura timúrida, caracterizada pelos ladrilhos azuis e turquesa, padrões geométricos, simetria axial, cúpulas, pinturas e altos-relevos, é um dos pontos altos da arte na Ásia Central, como no mausoléu de Tamerlão, Gūr-i Amīr.

VERAMON; analgésico comercializado no início do século XX, comumente usado para tratar de cólicas menstruais.

XÁ ABAS: Abas I (1571-1629), um dos principais representantes da dinastia Safávida (1501-1736), reinou de 1588 até a sua morte, quando seu império ia do rio Tigre até o rio Indo. Seu mausoléu se localiza em Caxã, cidade iraniana a 250 quilômetros ao sul de Teerã.

XENOFONTE: em seu *Anabasis*, o escritor grego antigo Xenofonte (c. 430-c. 354 a.C.) narra a viagem de dez mil soldados gregos contratados por Ciro, o Jovem, para tomar o trono da Pérsia de seu irmão Ataxerxes II. Após a morte em batalha de Ciro e de outros generais gregos, os soldados decidem retornar da Mesopotâmia em direção às cidades gregas do mar Negro. Em Trebizonda, no alto do monte Theches (atualmente Madur), Xenofonte relata o momento de júbilo em que a companhia grita "θάλαττα θάλαττα" ["O mar! O mar!"] (Livro 4, cap. 7, seção 24).

YURT: cabana circular característica de diversos povos nômades da estepe da Ásia Central. *Yurt* é a denominação nas línguas da família turcomana, *ger* em mongol.

tipologia Abril
papel Pólen Natural 70 g
impresso por Loyola para Mundaréu
São Paulo, junho de 2023